◆ 글 **홍석준**

인간 행동과 지능이 어떻게 창발하는지 알기 위해 인간 뇌 네트워크를 연구한 지 15년이 되었습니다.
연세대학교와 서울대학교를 거쳐 캐나다 몬트리올 맥길대학교 신경과학 연구소에서 박사 학위를 받았습니다.
뉴욕에 있는 어린이 마음 연구소에서 과학자로 일하다 2020년에 귀국한 뒤,
현재는 성균관대학교 바이오메디컬 공학과 부교수로 재직 중입니다.
초기에는 발달 장애인 뇌전증, 자폐 스펙트럼 등의 임상 연구에 집중하다가 최근 들어서는
자연지능의 생물학적 기전과 이것의 인공지능으로의 영향에 대해서도 관심의 폭을 넓혀 재미있게
연구 중입니다. 성균관대학교 강의 우수상(2024년), 미국 뇌 & 행동 연구 재단 젊은 연구자 상(2019년),
미국 뇌전증 학회 젊은 연구자 상(2016년) 등 국내외 다수 학술과 교육에 관련된 수상을 한 바 있으며
최근까지 60편 이상의 과학 논문을 출간하였습니다.

◆ 글 **최항숙**

역사와 문화, 철학 등 인문 분야에 관한 책 읽기와 재미있는 상상하기를 즐겨하다, 어린이 책을 기획하고
쓰기 시작했습니다. 아들을 키우면서 수학과 과학에 관심을 두기 시작했고, 아들이 영재학교에 진학하면서
덩달아 첨단 과학과 미래 사회에 흥미를 갖게 되었습니다. 그리고 10년 뒤, 50년 뒤, 300년 뒤의
사람과 사회를 공부하고 생각하다, 《넥스트 레벨》 시리즈를 기획하고 집필하게 되었습니다.
지금까지 기획하고 쓴 책으로는 《수수께끼보다 재미있는 100대 호기심》, 《우글와글 미생물을 찾아봐》,
《아침부터 저녁까지 과학은 바빠》, 《엉뚱하지만 과학입니다》 시리즈 등이 있습니다.

◆ 그림 **젠틀멜로우**

우리 주변에서 흔히 볼 수 있는 자연과 사물에 감정을 담아서 생각을 그림으로 표현하는 작업을
해 오고 있습니다. 동화책뿐 아니라 전시, 패키지, 책 표지, 포스터, 삽화 등 다양한 분야에서 활동합니다.
지금까지 그린 책으로는 《Ah! Art Once》, 《Ah! Physics Electrons GO GO GO!》,
《열세 살 말 공부》, 《엉뚱하지만 과학입니다 7 나만 몰랐던 코딱지의 정체》, 《색 모으는 비비》,
국립제주박물관 어린이박물관 도록 《안녕, 제주!》 등이 있습니다.

넥스트 레벨 뇌과학

홍석준·최향숙 글 | 젠틀멜로우 그림

이 책의 제목인 '넥스트 레벨'이 뭐냐고? '비교 불가능한,
이전보다 더 나은, 보다 발전한……' 이런 뜻이야! 한마디로 한 수 위라는 거지!
이 책의 주인공인 '나'와 함께 3개의 Level을 Clear하고,
뇌과학 분야의 넥스트 레벨이 되어 보자!

Level 3

커넥톰이 뭔지, 커넥톰을 만들어서 뭘 하려는 건지!

지도

예쁜꼬마선충과 초파리 커넥톰을 통해 커넥톰이 뭔지, 커넥톰을 어떻게 이용할 수 있는지를 살펴보고 인간 커넥톰에 대해 생각해 볼 거야.

Next Level

뇌와 컴퓨터를 연결하려는 뇌 과학이 우리에게 줄 수 있는 두 가지 미래!

뇌와 컴퓨터, 더 나아가 뇌와 사물을 연결하려는 연구에 대해 알아보고 그러한 시도들이 가져올 장밋빛 미래와 윤리적 문제를 전망해 볼 거야.

연결

차례

이 책을 보는 법 ········· 4

프롤로그 소우주의 아름다움, 뇌과학 ········· 8

Level 1 뇌가 궁금해!

다큐툰 **심장일까? 뇌일까?!** ········· 12

Check it up 1. 인물
미스터 게이지와 H.M. ········· 21

Check it up 2. 생물학
뇌는 왜 생겨났을까? ········· 30

Check it up 3. 해부학
뇌의 구조와 기능 ········· 38

Level 2 뉴런이 뭐야?

다큐툰 **내가 맞다고!** ········· 48

Check it up 1. 의학
시냅스와 신경망, 가소성 ········· 55

Check it up 2. 상식
이런 뉴런, 저런 뉴런 ········· 66

Check it up 3. 인간
뇌과학을 이용하는 사람들 ········· 74

Level 3 뇌 지도를 만든다고?

다큐툰 예쁘고 우아하기까지! ··· 84

Check it up 1. 상식
커넥톰은 왜 만들까? ··· 90

Check it up 2. 인공지능
커넥톰과 AI ··· 99

Check it up 3. 기술
살아있는 뇌를 어떻게 볼 수 있을까? ··· 109

Next Level 뇌를 읽는다면

다큐툰 뇌과학이 발달한 세상 ··· 116

Check it up 1. BCI
뇌와 연결된 컴퓨터, 컴퓨터와 연결된 뇌 ··· 122

Check it up 2. BMI
뇌와 연결된 로봇, 로봇과 연결된 뇌 ··· 128

Check it up 3. 윤리
뇌과학 발전, 문제는 없을까? ··· 136

Another Round 우리는 Next Level! ··· 141

프롤로그 소우주의 아름다움, 뇌과학

우리는 뇌를 통해 세상을 보고, 느끼고, 생각합니다. 하지만 정작 우리의 뇌가 어떻게 작동하는지 아는 사람은 많지 않죠. 수많은 뉴런이 네트워크를 이루고, 전기적·화학적 신호가 끊임없이 오가는 이 소우주 같은 복잡한 기관이 어떻게 우리의 기억과 감정을 만들어 내는 걸까요?

뇌과학이 빠르게 발전하면서, 우리는 이제 뇌의 신비를 하나둘씩 풀어가고 있습니다. 뇌파를 분석해 감정을 알아내고, 생각만으로 기계를 조작하는 기술이 등장했지요. 인공지능과 뉴로테크놀로지가 결합하면서, 뇌를 이해하는 방식도 달라지고 있고요.
'뇌를 읽는다'라는 말이 더이상 비유가 아닌 시대가 온 것입니다.

이 책은 뇌과학의 기본 개념부터 최신 연구까지 쉽고 재미있게 풀어냅니다. 뇌가 왜 발생했으며 어떤 구조와 기능을 갖는지, 뇌과학이 어떻게 발달했고 그 결과 우리가 무엇을 알게 되었는지, 뇌과학이 우리 삶을 어떻게 바꾸고 있는지 살펴볼 것입니다.

뿐만 아니라 인간과 기계가 연결되는 시대에 우리가 고민해야 할
윤리적 문제들도 함께 이야기하려 합니다.

뇌과학을 연구하고 책을 집필하며, 때로는 학생들과
때로는 독자들과 소통해 온 경험을 담은 이 책이 여러분에게
새로운 생각의 문을 열어 주는 계기가 되었으면 합니다.
이 책을 덮을 때쯤이면,
여러분은 뇌에 대해 더 깊이 이해하게 될 것이고,
어쩌면 스스로의 사고방식과 감정에 대해 색다른 시선으로
바라보게 될지도 모릅니다.

뇌과학은 이제 일부 과학자의 전유물이 아닙니다.
누구나 뇌를 이해하고 활용하는 시대가 다가오고 있습니다.
여러분의 뇌는 지금 이 순간에도 끊임없이 변화하고 있습니다.
이 책을 통해, 우리 모두 '뇌를 읽는' 새로운 시대를 맞이할 준비를
함께 해 보면 어떨까요?

'뇌'를 가지고 있는 생명체는 '동물'뿐이야.
움직일 수 있는 생명체만 뇌를 갖는다는 건
뇌가 '움직임' 즉 운동과 밀접한 관계가 있다는 말일 거야.
그렇다면 뇌는 어떻게 움직임과 관계되어 탄생한 걸까?
그리고 우리의 뇌는 어떻게
지금과 같은 구조와 기능을 갖게 되었을까?
뇌를 연구하는 뇌과학(신경과학)의 발달 과정과 함께
뇌가 어떻게 탄생하고 진화되었는지,
우리 뇌의 생김새와 기능은 어떠한지 알아보자.

Level 1

뇌가 궁금해!

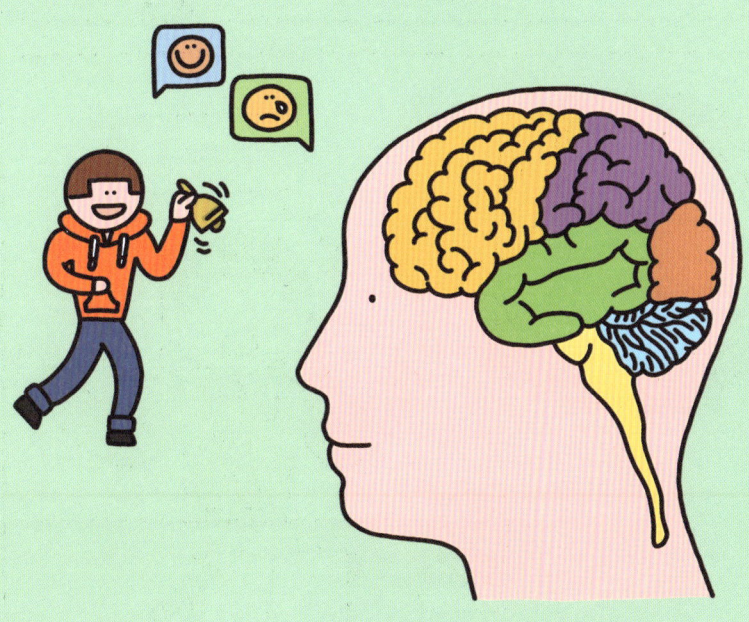

심장일까? 뇌일까?

Check it up 1 　인물

미스터 게이지와 H.M.

피니어스 게이지Phineas Gage는 미국의 철도 건설 현장에서
바위에 구멍을 내고 화약을 넣어 쇠막대기로 다지는 일을 하는
25세 청년이었어.
기술이 뛰어난 데다 성실함과 책임감까지 갖춘 그는
사람들과 관계도 좋고, 작업자로서도 인정받고 있었지.
그런데 1848년 9월 13일, 게이지가 일하는 철도 공사 현장에서
화약 폭발 사고가 일어났어.
바위 구멍 속에 화약을 다지던 중 화약이 폭발한 거야.
바위가 산산조각 나고 쇠막대기가 튀어 올랐지.

이때 쇠막대기 하나가 게이지의 두개골을 관통했어.
직경 3cm, 길이 2m, 무게 6kg이 넘는 쇠막대기가
게이지의 왼쪽 뺨과 뇌 위쪽 두개골을 뚫고 나온 거야.

모두가 게이지가 죽었을 거라고 생각했지만
게이지는 병원까지 걸어서 갈 정도로 의식이 있었어.
몇 번에 걸쳐 이루어진 수술을 통해
게이지의 뇌에서 쇠막대기를 뽑아내고 치료도 성공했어.
게이지는 일상으로 복귀할 수 있었어.
정말 기적이었지!

그런데 게이지는 예전의 게이지가 아니었어.
성실하지도 않고 책임감도 없었어.
일에 관심조차 갖지 않았어.
대신 걸핏 하면 화를 내고 폭력적이고 무례하게 행동했지.
사람들은 고개를 절레절레 저었어.
"내가 알던 게이지가 아니야!"
결국 게이지는 일터를 떠나 다른 일을 전전하다
12년 뒤 숨을 거두고 말았어.

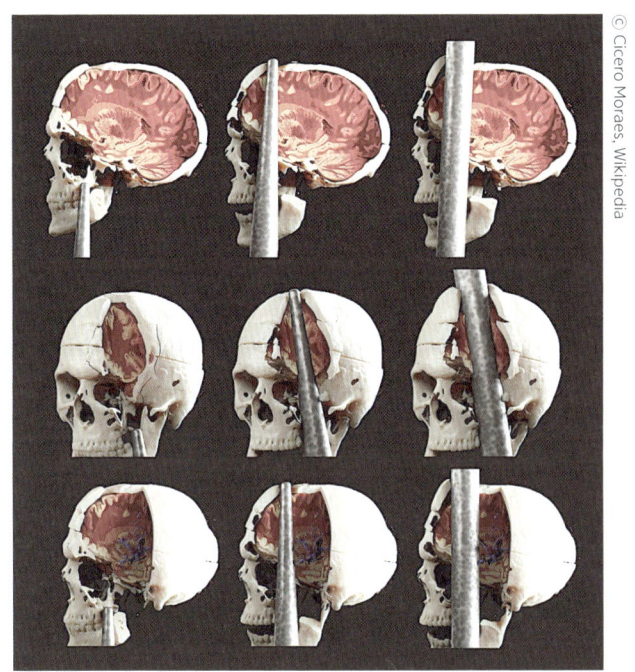

화약 폭발 사고로 손상된 게이지의 뇌

게이지는 뇌과학사에서 가장 중요한 환자 가운데 하나야.

게이지의 사례는 **사람의 인격과 생각과 행동이 뇌에 달려 있다**고 생각하는 계기가 되었거든.

또 **뇌의 특정한 부위가 특정한 역할을 한다**는

뇌의 국소성 이론의 중요한 근거가 되었지.

그즈음 발견된 브로카와 베르니케 영역도 이를 뒷받침했어.

프랑스 외과 의사인 폴 브로카Paul Broca는

1861년, 탕Tan이라는 환자를 치료하고 있었어.

탕은 질문은 이해하지만, 말은 제대로 하지 못했어.

어떤 질문을 하던 '탕'하고 대답해서 탕으로 불렸던 거야.

탕이 숨을 거둔 뒤, 뇌를 해부한 브로카는

탕 뇌의 왼쪽 특정 부위가 손상된 것을 발견하고

이 부분이 말하기와 관련이 있다고 생각하게 됐어.

이 부분을 '브로카 영역'이라고 해.

독일의 신경 정신과 의사 칼 베르니케Carl Wernicke는

언어 이해에 문제가 있는 환자들을 연구했어.

이런 환자들은 말을 유창하게 하는데,

이해할 수 없는 말을 하거나 문맥에 맞지 않는 단어를 선택했어.

예를 들어 "오늘 점심은 뭐 먹을 거예요?"라고 질문하면

"너도밤나무 아래 뿜! 타고 수영복" 같이

어떤 의미인지 알 수 없는 말을 하는 거야.

훗날 이 환자들의 뇌를 해부한 베르니케는

역시 뇌의 특정 부위에 문제가 있는 걸 발견했어.

이를 '베르니케 영역'이라고 해.

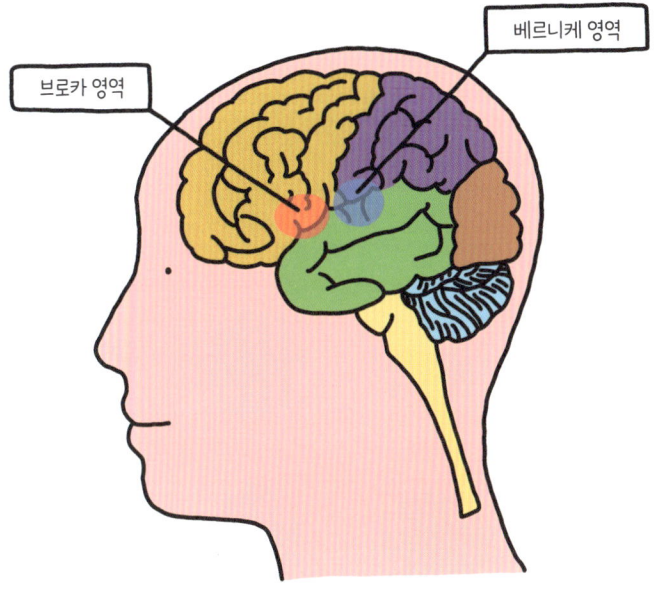

브로카, 베르니케 영역

이후 신경 과학자들은 운동 영역과 감각 영역도 찾아냈어.
개를 비롯한 동물들의 뇌와 뇌 수술 환자의 뇌에 전기 자극을 주며
어떤 부분이 어떤 운동, 혹은 감각에 반응하는지
하나하나 찾아낸 거야.
1937년, 캐나다 신경외과 의사인 와일더 펜필드Wilder Penfield는 이를
운동 호문쿨루스Motor Homunculus와 감각 호문쿨루스Sensory Homunculus
모델로 발표했어.

펜필드의 호문쿨루스

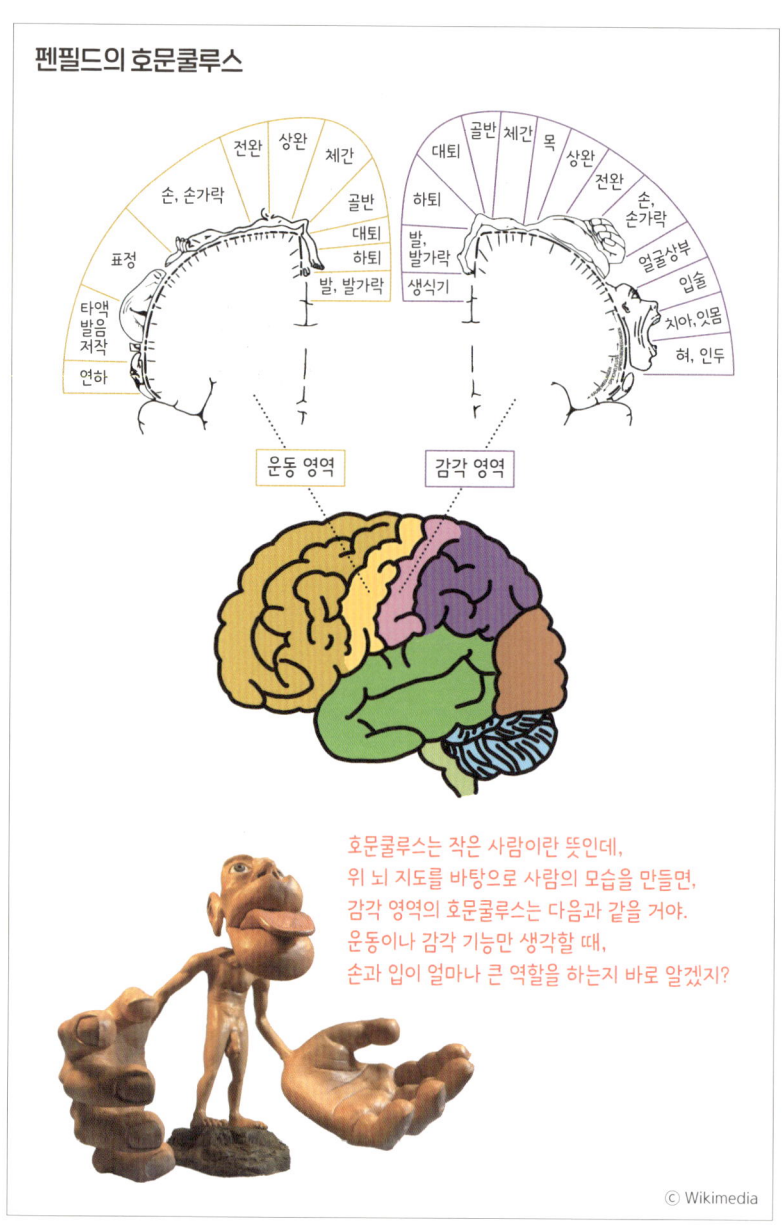

호문쿨루스는 작은 사람이란 뜻인데,
위 뇌 지도를 바탕으로 사람의 모습을 만들면,
감각 영역의 호문쿨루스는 다음과 같을 거야.
운동이나 감각 기능만 생각할 때,
손과 입이 얼마나 큰 역할을 하는지 바로 알겠지?

ⓒ Wikimedia

그리고 1950년대의 뇌과학 연구에서

빠질 수 없는 또 한 명의 환자가 등장해.

바로 H.M.이라 불렸던 헨리 몰래슨 Henry Molaison 이야.

헨리는 뇌전증 환자였어.

흔히 간질이라고 불리는데 이 병은

뇌가 지나친 흥분 상태가 되어

반복적으로 마비와 발작을 일으키는 질병이야.

심할 경우 일상생활이 어려운 것은 물론

뇌 손상으로 목숨이 위험할 수도 있지.

뇌전증 증세가 너무 심했던 헨리는 1953년,

27세의 나이에 뇌 속 해마를 제거하는 수술을 받기로 했어.

당시에는 뇌전증처럼 뇌에 문제가 있는 질병을 치료할 때

뇌의 특정 부위를 제거하는 수술을 했거든.

수술은 성공적으로 끝난 듯했어.

그런데 생각지 못한 문제가 발생했어.

수술 후 헨리는 30초 이상 기억을 하지 못했어!

헨리는 오늘 아침 무엇을 먹었는지,

한 시간 전 어디에 있었는지,

10분 전 엘리베이터에서 누구와 인사했는지,

1분 전 어떤 뉴스를 들었는지 전혀 기억하지 못했어.

하지만 5살 때 자전거를 타다 넘어진 것도,

15살 때 심각한 간질 발작을 일으켰던 것도 기억했어.

고등학교를 졸업하고 공장에서 일했던 시절도 추억할 수 있었지.

수술 이전의 경험은 모두 기억하고 있었지만

수술 이후의 경험은 30초 이상 기억하지 못했던 거야.

ⓒ Wikipedia

수술 전 헨리 몰래슨
개인 정보 보호를 위해 50여 년 동안 H.M.이라고 불리던 헨리는 2008년에 숨을 거두었어. 그때까지 헨리는 자신이 27살이라고 생각했다고 해. 헨리가 받은 수술은 1970년대 들어 위험한 수술로 규정되고 환자의 권리와 안전을 위해 전면 금지됐어.

그 덕분에 우리는 해마의 기능을 알게 됐어.
새로운 기억은 해마를 통해 장기 기억으로
저장된다는 걸 말이야.

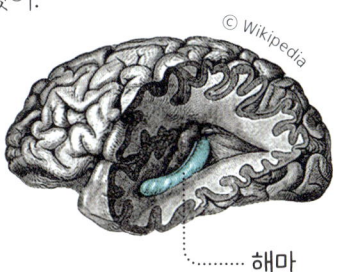
·········· 해마

이후 뇌과학은 더욱 발전했어.

지금은 감정이 뇌에서 발생하는 것이 아니라

몸에서 주어진 신호를 기반으로 뇌 안에서 해석된 것으로

보고 있어.

예를 들어 뱀을 보면 누구나 기겁을 하지?

'뱀은 징그럽다. 무섭다'라는 감정을 뇌가 해석하기 전에

몸이 먼저 반응하는 거야.

이때 온몸의 반응이 뇌에 신호를 보내지.

하지만 뇌가 해석할 때까지 기다리다가는 목숨을 잃을 수 있기 때문에

뇌의 해석을 기다리지 않고 몸이 감정적으로 반응하는 거야.

그러면⋯⋯ 옛날 사람들이
심장을 감정의 원천으로 본 게
아예 틀린 건 아닌 것 같은데?

Check it up 2 | 생물학

뇌는 왜 생겨났을까?

미스터 게이지, H.M. 등 수많은 환자 사례와

의사와 신경 과학자, 해부학자 등의 연구를 통해

우리가 감정을 느끼고 생각하고 행동하는 중추는 '뇌'라는 데

의심의 여지가 없어졌어.

한편 **생물학은 우리 뇌 역시 진화의 산물임을 밝혀냈어**.

미스터 게이지가 살던 시기인 19세기 중반 생물학자들은

'모든 생물은 세포로 이루어져 있고,

세포가 생명체의 기본 단위'임을 알게 되었어.

또 인간 역시 다른 생물과 마찬가지로 하나의 세포로부터 진화했고

뇌 역시 진화의 과정에서 만들어졌음을 알게 된 거야.

그렇다면 뇌는 어떻게, 왜 생겨났을까?

지구에 **최초의 생명체가 등장**한 건 약 35억 년 전이야.
이 생명체는 **하나의 세포로 이루어진 '단세포'**였어.
20억 년 넘게 지구를 지배하던 단세포 생명체는
'다세포' 생명체로 진화해.
다세포 생명체들은 말 그대로 여러 개의 세포로 이루어진 생명체야.
여러 세포가 하나의 생명체를 이루니
세포들이 하는 일이 조금씩 달라졌어.
어떤 세포는 소화를 시키고, 어떤 세포는 움직이는 데 쓰였어.
또 어떤 세포는 빛과 같은 외부 자극을 감지하는 일을 했어.
그러자 **세포끼리 정보를 주고받아야 할 필요성**이 생겼어.
그래서 생겨난 것이 **'신경 세포'**야.

신경 세포는 곧 **신경**을 이뤘어.
신경은 신경 세포 여러 개가 결합해
자극을 전달하는 구조를 말해.
이런 신경들은 그물처럼 네트워크를 이루거나 다발로 묶여
특정 부위에 집중되기도 했지.

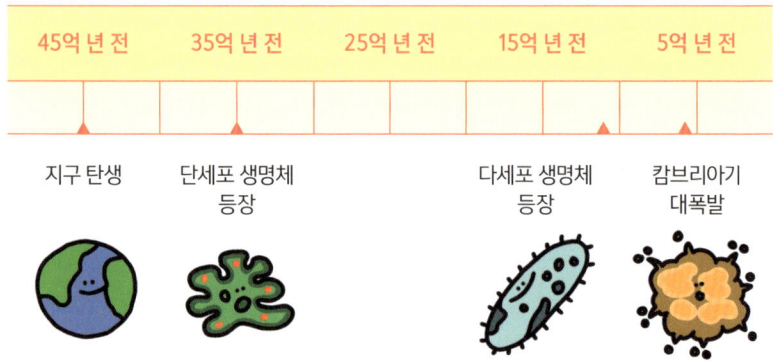

그리고 약 5억 4천만 년 전
지구상에 엄청나게 많은 생물이 갑자기 등장해.
오늘날의 오징어와 같은 연체동물이나
새우나 게와 같은 절지동물이
바다 속에서 폭발적으로 늘어난 거야.
이를 '캄브리아기 대폭발'이라고 하지.

생명체가 늘어나자 '사냥'이라는 새로운 현상이 발생했어.
캄브리아기 대폭발 이전의 동물들은 대부분
물속을 둥둥 떠다니거나 바닥에 붙어 있다가
가까이 오는 먹이가 있으면 잡아먹는 동물이었어.

그런데 캄브리아기 대폭발 이후에 등장한 동물 가운데
시각, 후각과 같은 감각 기관이 발달한 종류가 있었어.
감각 기관이 발달하면 생존에 유리했지.
먼 곳까지 잘 볼 수 있는 시각을 가진 동물을 생각해 봐.
그런 동물은 경쟁자에 비해 먹이도 빨리 찾아내고
적도 빨리 발견할 수 있지 않겠어?
덕분에 다양한 감각 기관이 발달하는 동물들이 생겨났어.
==감각 기관의 신경들은 한 부위에 집중되거나 다발로 묶여==
=='감각 신경계'==를 이뤘어.
한편 다리와 같은 운동 기관도 발달하기 시작했어.
살아남으려면 적으로부터 잘 도망쳐야 했으니까.
더 나아가 먹이를 잡으려면 잘 움직이는 능력이 필요했지.
잘 움직이는 만큼 먹이를 잡을 확률도 높았어.
이로부터 여러 기관에 ==운동 신경이 발달==하고
운동 신경이 다발로 묶여 '==운동 신경계=='가 됐어.
감각을 느끼고 움직이는 것이 중요해지니
호흡하고 소화하는 일 같은 아주 기본적인 생명 현상을
알아서 자율적으로 하는 신경계도 필요했어.
그래서 만들어진 게 '==자율 신경계=='야.

신경계 구분		
기능적 구분	감각+운동 신경계	자율 신경계
특징	의식적 활동 조절 예: 보기, 앞으로 나아가기	무의식적 활동 조절 예: 소화, 호흡
구조적 구분	중추 신경계	말초 신경계
특징	뇌와 척수로 구성	신체 말단까지 뻗어 있는 운동/감각 신경

캄브리아 대폭발 이후

동물들은 시각, 청각, 후각 등 다양한 감각 신경계,

다리와 꼬리, 혀 등을 빠르고 정확하게 움직일 수 있는 운동 신경계를

몸의 말단까지 발달시켰어.

이렇게 **생물체 몸의 말단까지 퍼져 있는 신경계를**

'말초 신경계' 라고 해.

말초 신경들은 한데 모여 작은 줄기를 만들고

그 줄기들이 다시 큰 줄기를 형성했어.

이 큰 줄기들은 척추 뼈 속에서 더 큰 줄기인 '**척수**'가 되었어.

척수 끝에 엄청나게 많은 신경 세포들이 커다란 덩어리를 이뤘어.

이 덩어리는 감각 신경을 통해 들어온 정보를 종합 분석해서
운동 신경으로 명령을 전달했어.
숨을 쉬고 피를 돌게 하고 소화를 시키도록
자율 신경계를 움직이는 것도 바로 이 덩어리였지.
이 덩어리가 바로 '뇌'야.
그리고 척수와 뇌를 합쳐 '중추 신경계'라고 해.

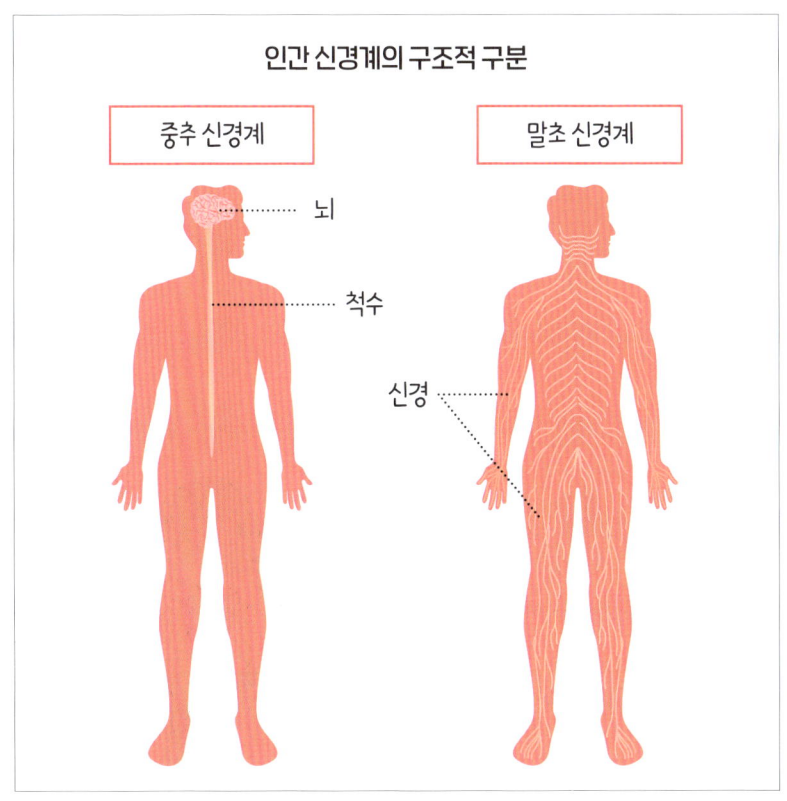

2억 년 전, ==포유류가 등장하면서 뇌는 커지고 더 복잡해졌어==.

포유류는 새끼를 낳고 젖을 먹여 키워.

이 때문에 어미와 새끼 사이 유대감이 생겼어.

이 유대감은 자식에 대한 애정과 같은 '감정'을 낳게 했지.

사회생활을 하는 포유류의 경우

함께 사냥하면서 개체 사이 유대는 더욱 강화되고

보다 다양한 감정을 갖게 됐어.

사냥에 성공했을 때 기뻐하고,

사냥을 하다 누군가를 잃으면 슬퍼하기도 했던 거야.

또한 집단 사냥 등을 통해 서로 협력하는 과정에서

보다 지능적인 활동도 하게 되지.

이처럼 다양한 감정과 지능이 생겨서 포유류의 뇌가 커지고 복잡해진 거야.

그러니까 뇌는 진화의 과정에서 동물의 몸을 통제하기 위해 생겨난 거네!

20만 년 전, 드디어 인류가 등장했어.

직립할 수 있었던 인류는 손을 마음대로 사용할 수 있었어.

그러자 손의 운동 기능이 향상되어

인간은 손으로 다양한 도구를 만들 수 있었어.

사회를 이루며 살았던 인류는 언어를 발달시켰어.

언어의 사용으로 입, 혀, 목구멍 등의 운동 기능이 향상됐어.

다양한 사회적 관계도 형성됐고

사회적 관계가 다양해지면서 더 다양한 감정이 형성됐어.

불을 사용해 음식을 익혀 먹으면서 영양 섭취도 좋아졌지.

이런 모든 활동은 뇌를 자극시켰고

==뇌는 더욱 커지고 복잡해졌어==.

==그 결과 인류는 오늘날과 같은 뇌==를 갖게 되었지.

> Check it up 3 | 해부학

뇌의 구조와 기능

인간의 뇌는 3개의 층으로 이루어져 있어.

가장 안쪽에 있는 1층은 파충류의 뇌라고 해.

심장 박동, 혈압 조절처럼 생명을 유지하는 데 필수적인 기능을 하는 뇌지. 그래서 파충류의 뇌는 '생명의 뇌'라고도 해.

2층은 '포유류의 뇌'라고 해.

포유류는 파충류와 달리 흥분하며 이리저리 뛰어다니고

두려울 때는 울부짖거나 몸을 움츠려.

애정을 느낄 때는 꼬리를 흔들기도 하지.

포유류의 뇌는 이처럼 감정 기능과 관련이 있어

'감정의 뇌'라고도 해.

가장 바깥쪽인 3층은 '인간의 뇌'야.

우리가 학습하고 기억하고 고도의 사고와 창조를 할 수 있는 건 이 뇌를 갖고 있기 때문이야.

인간만이 갖고 있는 뇌라서 **'이성의 뇌'**라고도 해.

인간만이 이성을 가지고 있잖아?

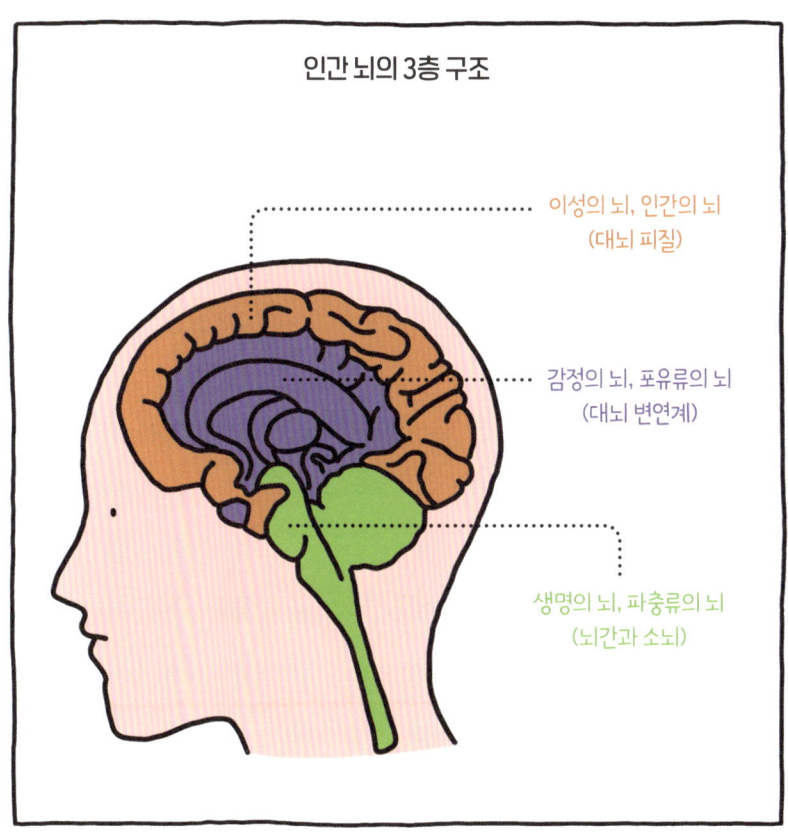

우리 뇌를 조금 더 자세히 살펴보면

대뇌, 소뇌, 간뇌, 뇌간으로 나눌 수 있어.

이 중 대뇌가 뇌 전체의 85%를 차지하고

소뇌는 10% 정도를 차지해.

뇌의 안쪽에 자리 잡은 뇌간과 간뇌는 서로 연결되어 있지.

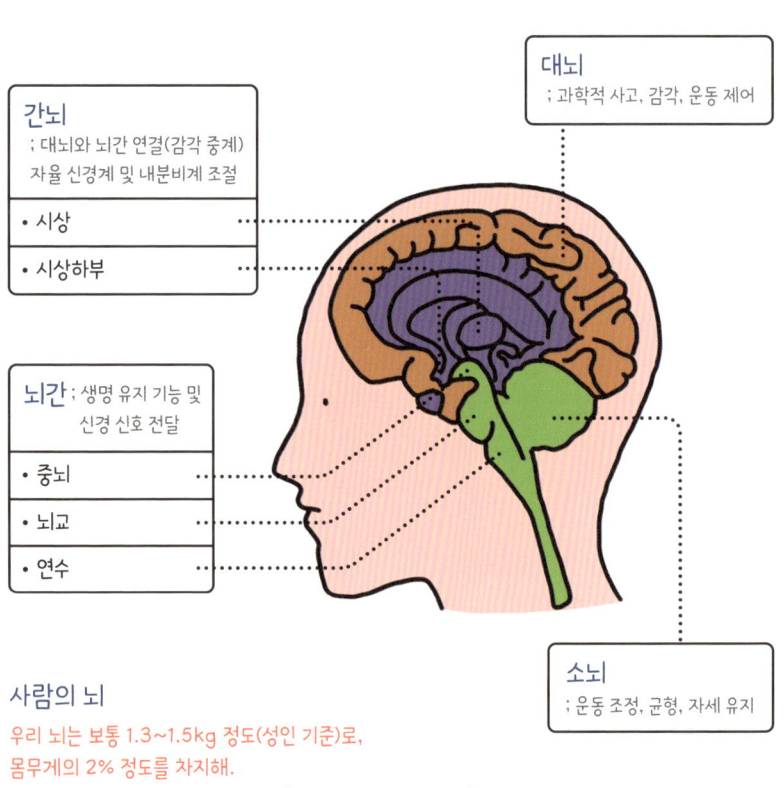

사람의 뇌
우리 뇌는 보통 1.3~1.5kg 정도(성인 기준)로,
몸무게의 2% 정도를 차지해.
하지만 우리가 섭취하는 에너지 가운데 20%를 뇌에서 사용한다고 해.

이 가운데 **진화적으로 가장 오래된 뇌는 뇌간**Brainstem이야.

뇌간은 우리 몸의 **생명 유지에 필수적인 기능을 담당**해.

호흡, 심장 박동, 혈압 조절과 같은 무의식적 활동을 제어하는 거지.

뇌간은 척수와 연결되어 있어

뇌와 몸의 나머지 부분 사이에서 신호를 전달하는 역할도 해.

뇌간이 진화적으로 가장 오래되었을 수밖에 없는 이유를 알겠지?

뇌간보다 늦게 생긴 **소뇌**Cerebellum는

운동 조절과 균형 유지를 주로 담당해.

생명체가 특별히 신경 쓰지 않아도 쓰러지지 않고 서 있거나

잘 걸을 수 있는 건

소뇌가 몸의 균형을 잡아 주고 운동을 조절해 주기 때문이야.

소뇌는 학습과 기억에 관여하기도 해서

새로운 운동 기술을 습득하고 기억하는 데 중요한 역할을 해.

프리킥 연습을 열심히 한 축구 선수가

프리킥을 정확하게 찰 수 있는 건 소뇌가 프리킥 기술을 습득하고

그 기술을 몸이 기억할 수 있도록 했기 때문이야.

간뇌Diencephalon는 감각 정보를 처리하고 분류하여 대뇌로 전달하는 역할을 해.
후각을 제외한 모든 감각 신호는 간뇌 그중에서도 시상Thalamus을 거쳐 대뇌로 전달되지.
간뇌의 또 다른 중요한 부분인 시상 하부Hypothalamus는 체온, 수면, 식욕, 감정 반응 등을 조절하고 성장 호르몬 등 각종 호르몬을 분비해.

뇌의 85%를 차지하는 대뇌cerebrum는
인간의 고도 지능과 복잡한 행동을 가능하게 하는 핵심 구조야.
대뇌는 먼저 좌우 대뇌 반구로 나눌 수 있어.

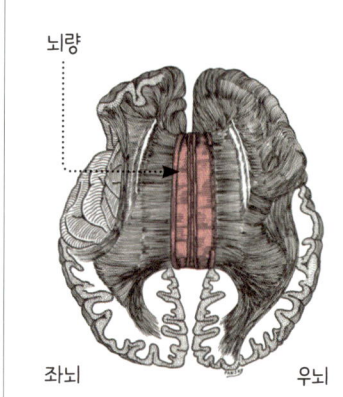
ⓒ Wikimedia

좌뇌와 우뇌

왼쪽 대뇌 반구인 '좌뇌'는 주로 오른쪽 신체의 움직임을, 오른쪽 대뇌 반구인 '우뇌'는 왼쪽 신체의 움직임을 조절해.
또한 좌뇌는 주로 언어와 논리적 사고, 수학적 능력을 담당하고
우뇌는 직관적이고 창의적인 사고와 공간지각을 담당한다고 알려졌어.
'뇌량'은 좌뇌와 우뇌의 활동을 연결해 줘.
덕분에 우리 뇌가 복잡한 인지 능력을 발휘할 수 있지.

대뇌의 겉면을 ==대뇌 피질==이라고 해. 대뇌 피질은 2~4mm 정도의 회색빛 층인데, 쭈글쭈글 주름이 져 있어. 뇌가 점점 커지면서 부피를 늘리지 않고 표면적만 늘리기 위해 주름이 만들어진 거야. 각 대뇌 반구의 대뇌 피질은 ==전두엽==Frontal Lobe, ==두정엽==Parietal Lobe, ==측두엽==Temporal Lobe, 그리고 ==후두엽==Occipital Lobe의 네 영역으로 구분돼.

==전두엽은 인간의 고차원적인 인지 기능을 담당==해.
학교에서 어려운 수학 문제 풀이를 배우고
배운 것을 바탕으로 새로운 수학 문제를 푸는 활동,
자동차 사고와 같은 갑작스러운 사고를 당했을 때
어떻게 하면 좋을지 생각하고 행동하는 것이 전두엽에서 일어나.
기분 나쁜 말을 하는 친구에게 화를 낼지
아니면 차분하게 내 감정을 설명할지와 같은 감정 조절,
화장실에 가겠다고 줄을 선 사람들을 막무가내로 밀치지 않고
순서를 기다려야 한다는 판단과 행동 역시 전두엽에서 비롯되지.
전두엽은 또한 운동 능력도 담당해.
전두엽의 가장 뒤쪽에 운동 피질Motor Cortex이 포진되어 있거든.
운동 영역 호문쿨루스가 바로 운동 피질에서 만들어진 거야.

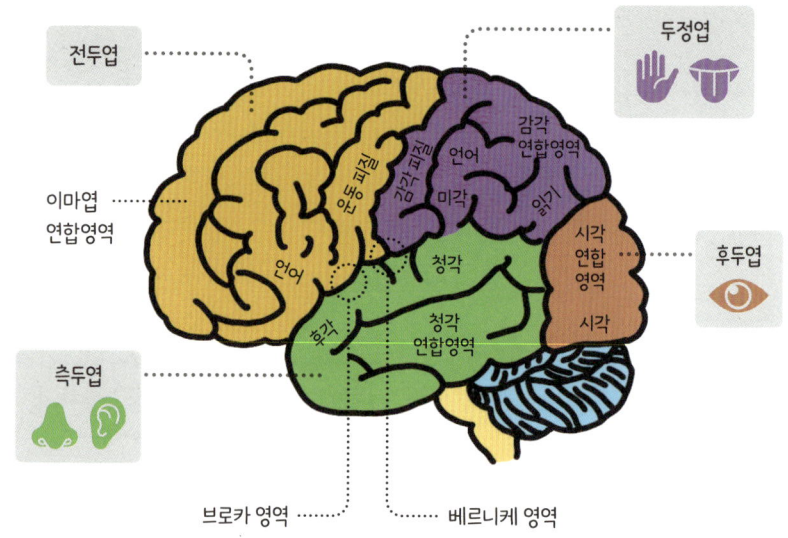

두정엽은 촉각, 통증, 온도 등 피부에서 전달되는 **감각을 해석**하는 역할을 해. 감각 영역 호문쿨루스도
두정엽의 체성감각 피질 Somatosensory Cortex을 기반으로 만들었지.
두정엽은 또한 공간 인식과 관련된 기능도 수행해.
신발을 왼쪽과 오른쪽을 바꿔 신지 않는 것,
골대와 자신의 거리를 생각해 슛을 정확하게 날릴 수 있는 것,
주차선 안에 차를 정확하게 주차할 수 있는 것,
퍼즐을 이리저리 돌려서 맞출 수 있는 것, 지도를 보고 길을 찾을 수 있는 것과 같은 능력들은 모두 두정엽에서 비롯되는 거야.

측두엽은 베르니케 영역과 해마가 있는 곳이야.

언어를 이해하고 음악을 감상하는 능력도 이 영역에 의존해.

측두엽은 또한 시각과 청각 등이 연합되면서

복잡하고 추상적인 사물이나 개념을 구체적으로 나타낼 수 있게 해.

예를 들어 우리나라 하면 태극기를 떠올리거나,

사랑 하면 ♥를 떠올리는 활동이 측두엽에서 일어나는 거야.

후두엽은 주로 **시각 정보**를 처리하는 기능을 해.

눈으로 들어오는 신호를 받아들이고,

이를 통해 물체를 인식하거나 색상, 움직임, 거리 등을 판단하지.

이처럼 **대뇌 피질은 인간의 고차원적인 인지 기능을 책임**지는

뇌의 핵심 구조야.

대뇌 피질의 각 영역은 특정한 역할을 수행하면서

한편으로는 긴밀하게 상호 작용을 하지.

이를 통해 우리의 복잡한 행동, 감정, 그리고 사고가 형성되는 거야.

그리고 그 모든 기능은 '신경 세포의 통신'으로부터 시작돼.

우리 뇌는 신경 세포로 이루어져 있어.
신경 세포는 뉴런^{neuron}이라고 하지.
뉴런은 어떻게 우리 뇌를 구성할까?
다른 세포들처럼 기관을 만들어 작동할까?
우리가 감정을 느끼고 뭔가를 이해하고
생각하고 행동하고 무언가를 창조해 낼 수 있는
까닭은 무엇일까?
뉴런의 구조와 작동 원리를 알아보자.
그리고 그렇게 축적된 뇌과학의 성과가
어떻게 쓰이고 있는지도 살펴보자.

Level 2

뉴런이 뭐야?

내가 맞다고!

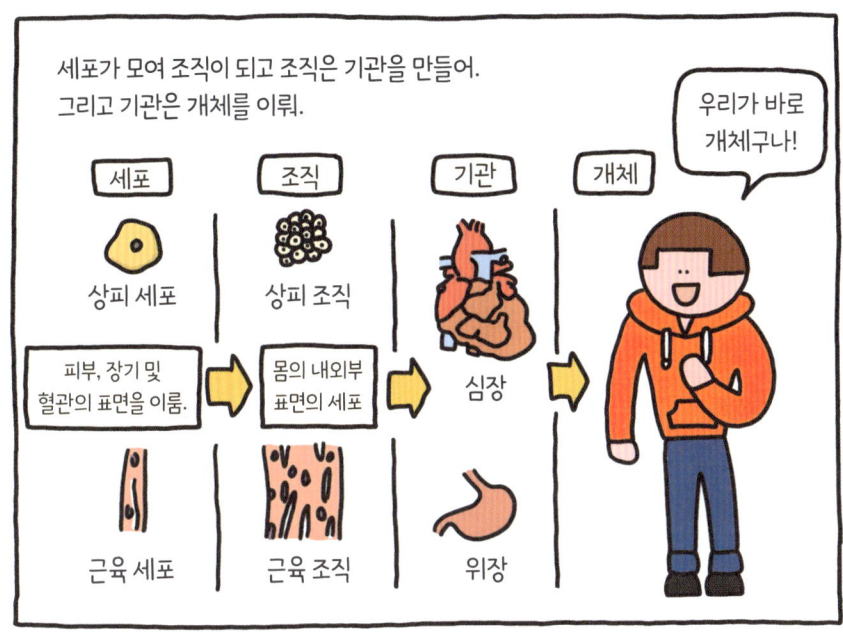

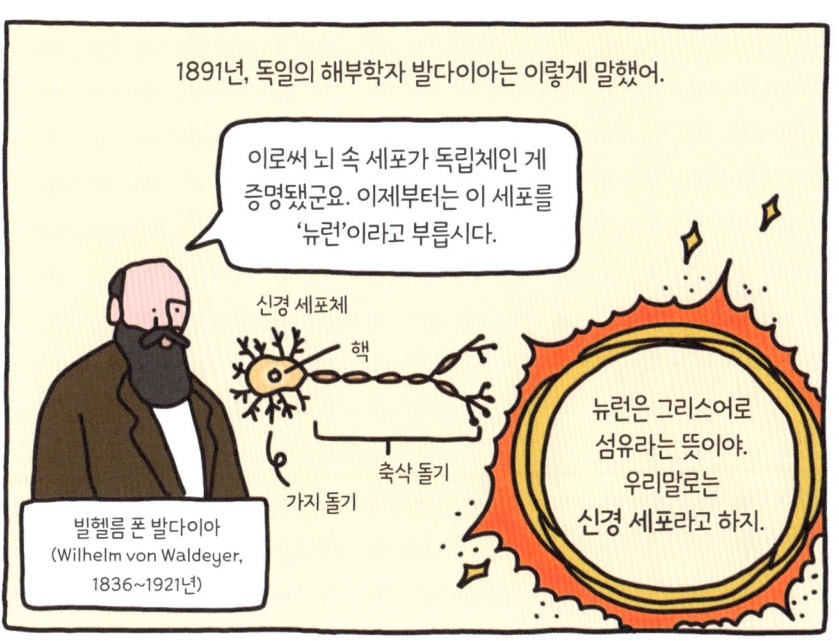

Check it up 1 | 의학

시냅스와 신경망, 가소성

우리 몸을 구성하는 기본 단위가 세포인 것처럼

뇌를 구성하는 기본 단위도 세포야.

뇌를 구성하는 세포를 '뉴런(신경 세포)'이라고 불러.

뉴런은 다른 세포들과는 좀 다르게 생겼어.

다른 세포는 둥글둥글한 데 비해

신경 세포는 기다랗고 그 끝에 돌기가 돋아나 있어.

> 우리 뇌 속에는
> 뉴런이 100,000,000,000(1천억)개나 있어!

천억 개나 되는 뉴런이 뇌 속에서 하는 일은

끊임없이 정보를 주고받는 일이야.

뉴런에 나 있는 돌기는 괜히 있는 게 아니거든.

한 쪽 돌기는 정보를 받아들이고

다른 한 쪽은 정보를 내보내는 역할을 하지.

정보를 받아들이는 돌기를 '가지 돌기',

정보를 내보내는 돌기를 '축삭 돌기'라고 해.

이 돌기들은 세포체cell body에 연결되어 있어.

세포체는 신경 세포의 몸이라고 할 수 있어.

세포체만 보면 뉴런도 다른 세포와 별반 다를 게 없어 보여.

세포의 중심이라고 할 수 있는 핵,

세포에 필요한 에너지를 생산하는 미토콘드리아 등

다른 세포가 가지고 있는 세포 소기관을 다 갖추고 있으니까.

그래서 세포체는 세포 활동에 필요한 에너지를 공급하고

단백질을 합성하는 등 다른 세포들이 하는 일을 해.

그리고 다른 세포는 하지 않는 일,

즉 가지 돌기로 받아들인 정보를 취합해

축삭 돌기로 보낼지 말지 결정하고, 보내는 일도 하지.

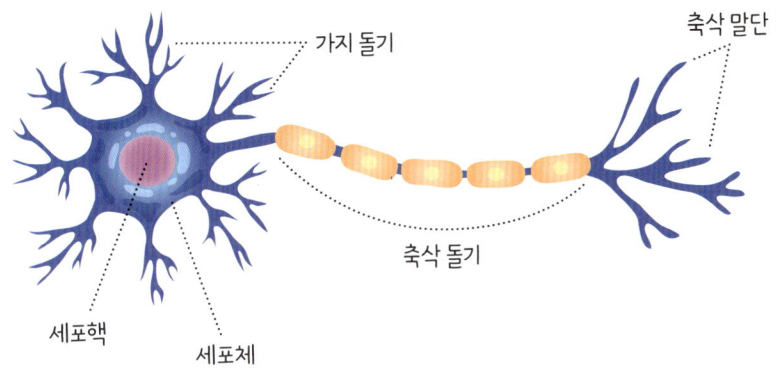

뉴런의 구조
가지 돌기를 통해 받아들인 정보는 세포체로 취합되고
세포체는 취합된 정보 가운데 내보낼 정보를 축삭 돌기로 보내.
세포체 속에는 일반 세포들과 같이 핵, 미토콘드리아 등 세포 내 소기관이 있어.

뇌를 연구하던 과학자 골지와 카할이 살던 시기에는

뉴런이 하나하나 독립적으로 존재하는지

아니면 그물처럼 얽혀 있는지는 정확히 알 수 없었어.

현미경이 지금처럼 발달하지 않아서

뉴런과 뉴런 사이가 떨어져 있는지 붙어 있는지

명확하게 보이지 않았거든.

하지만 1950년대에 전자 현미경이 발달하면서
뉴런은 하나하나 독립적으로 존재하는 것으로 확인됐어.

그렇다면 신경 세포설을 주장한 카할이 맞았던 거네!

그렇다면 이렇게 독립적으로 존재하는 뉴런들은
어떻게 정보를 주고받을까?
신경 세포설을 주장한 카할은
뉴런과 뉴런 사이에 아주 미세한 틈이 있을 거로 생각했어.
1897년, 영국의 생리학자 찰스 셰링턴Charles Sherrington은
더 나아가 뉴런 간 정보 전달은 이 틈으로
전기적 혹은 화학적 신호를 통해 이루어진다고 주장했지.
그는 그 틈을 '시냅스Synapse'라고 불렀어.
시냅스는 그리스어 syn(함께)과 haptein(연결하다)를 합성한 단어야.
그리고 이 주장 역시 전자 현미경 등
과학 장비의 발달로 사실로 입증되었지.

찰스 셰링턴의 짐작은 거의 맞았어.

뉴런에서는 가지 돌기에서 전기적 신호가 발생하면서

축삭 돌기로 전달되면, 축삭 돌기 말단에 있던 소낭이 터지면서

화학 물질을 시냅스로 뿜어내. 이 화학 물질을 신경 전달 물질이라고 해.

시냅스를 사이에 두고 붙어 있던 다른 뉴런의 가지 돌기에는

신경 전달 물질을 받아들이는 수용체가 있어.

이 수용체로 다른 뉴런에서 뿜어내는 신경 전달 물질이 들어오면서

뉴런과 뉴런 사이에 정보가 전달되는 거야.

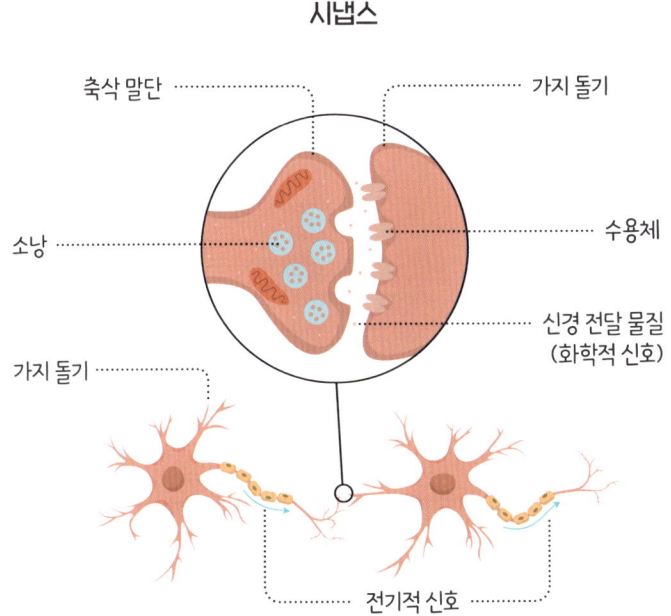

우리 뇌 속 100,000,000,000개의 뉴런은
각각 1,000~10,000개의 시냅스를 형성한다고 해.
그래서 우리 뇌 속에는 100,000,000,000,000(1백조)개 이상의
시냅스가 있어! 이 시냅스의 집합을 '신경망'이라고 해.

시냅스들은 한 줄로 쭉 연결되는 게 아니라

아주 세밀하고 복잡한 그물망처럼 연결돼 있어.

하는 일이 많은 뉴런일수록 더 많은 시냅스를 이뤄.

어떤 뉴런들은 특정한 패턴을 만들어

특정한 일, 즉 기억이나 감정, 학습이나 운동을 담당하기도 해.

특정한 패턴이 어떻게 만들어져 특정한 기능을 하는지

더 나아가 신경망이 어떻게 작동하는지 아는 것이

뇌과학 연구가 할 일이야.

아직 그 과제를 다 해결하지는 못했지만 몇 가지 중요한 발견을 했어.

대표적인 게 시냅스 가소성이야.

시냅스 가소성이란 시냅스의 강도와 효율이 변하는 현상을 말해.

시냅스가 반복적으로 활성화되면 더 강한 연결이 형성되고,

반대로 시냅스 활성 빈도가 낮으면 시냅스의 강도가 떨어지는 거야.

영어 공부를 할 때를 생각해 봐.

날마다 영어 단어를 외우고

그 단어를 이용해 말하는 과정을 반복하면

영어 단어 실력은 물론 말하기 실력도 늘어.

이는 영어 공부와 관련된 시냅스가 반복적으로 활성화돼서

시냅스의 강도가 높아졌기 때문이야.

하지만 반대로 영어 공부를 열심히 하다가 하지 않으면

영어로 말을 잘 하지 못하게 되는 것은 물론

달달 외웠던 단어들도 잊고 말지.

이는 영어 공부와 관련된 시냅스의 강도가 떨어졌기 때문이야.

> 아, 그래서 공부를 잘하려면 예습, 복습을 하라는 거구나! 시냅스의 강도를 높이도록!

시냅스뿐만 아니라 신경망 전체가 변화하기도 해.

예를 들어 우리나라에서 태어나 우리말과 우리글만 쓰고 자란 네가
영국이나 미국에 가서 살게 됐다고 생각해 봐.

그러면 영어를 쓰고 배우게 되겠지?

이때 뇌에는 영어를 쓰고 배우는 데 관련된 뉴런들이
서로 연결되어 시냅스를 만들면서
이전에 없었던 새로운 네트워크가 형성될 거야.

우리나라로 되돌아오지 않고 계속 영국이나 미국에 산다면,
그래서 우리말을 거의 쓰지 않고 영어만 계속 사용하게 된다면
우리말을 잘하지 못하겠지?

이는 너의 뇌 속에 존재했던 우리말과 관련된 뉴런들의 연결이
끊어져 그 네트워크의 연결 강도가 약해졌음을 뜻해.

이런 현상이 지속되면 뇌 속에서 우리말 네트워크는
사라질 수도 있어. **신경망 전체에도 변화**가 생기는 거야.

이처럼 경험, 학습, 손상 등에 적응해 우리
뇌가 구조적 또는 기능적으로 변화하는
능력을 '**신경 가소성**'이라고 해.

신경 가소성에 시냅스 가소성이
포함된다고 볼 수 있지.

==신경 가소성은 우리 뇌의 기능 중 하나의 기능이 떨어지면==
==다른 기능들이 그것을 대체하거나 신경 자원을 차지하도록 해서==
==일종의 보상을 주는 뇌 자체의 생물학적 활동==이기도 해.
덕분에 뜻하지 않는 능력이 생겨나기도 하지.

자폐증이라고 들어 봤어?
뇌 발달 과정의 이상으로 생기는 발달 스펙트럼인데
사람들과 소통이 어려워 사회적으로 고립되기 쉬워.
그런데 자폐 아동들 가운데 뛰어난 재능을 가진 이들이 있어.
피아노를 배운 적이 없는데도 듣기만 하고서 피아노를 친다든지,
한 번 본 책을 그냥 통째로 외운다든지,
달리기나 수영 실력이 뛰어나다든지…….
이들 능력이 워낙 대단해 이들을 주인공으로 영화를 만들 정도야.
그런데 이들의 재능은 신경 가소성에서 비롯된 거야.
자폐아들의 가장 큰 문제가 언어를 통한 소통의 어려움인데
원래는 언어 기능에 치중되어야 할 뇌 세포들이 시각이나 청각,
운동 기능 등에 치중되며 엄청난 능력이 생겨난 거지.
흔히들 우리 뇌는 엄청난 잠재력을 가지고 있다고 하지?
그 이유는 바로 신경 가소성에 있는 거야.

==시냅스 가소성과 신경 가소성==은 ==환자의 치료에도 이용==되고 있어.

대표적인 예가

알츠하이머병과 같은 ==퇴행성 뇌질환을 치료하거나 예방할 때==

==시냅스의 연결을 강화하는 법==을 사용하는 거야.

퇴행성 뇌질환 환자들의 뇌에서는 시냅스의 수가 감소하고,

연결 강도가 떨어지는 현상이 관찰돼.

그래서 이런 환자들은

시냅스 연결 강도를 높이는 치료를 받게 돼.

그중 하나가 계속적인 반복 학습이지.

또 퇴행성 뇌질환 환자들을 위한 치료제로

시냅스의 강도를 높이거나 시냅스의 손상을 줄일 수 있는

성분이 들어 있는 약도 개발되고 있어.

그런데 신경 가소성은 '==뇌의 국소성==' 이론과 맞지 않아.

앞에서 살펴봤듯이 뇌의 국소성이란

뇌의 특정 영역이 특정 기능을 수행한다는 주장이야.

뇌에는 브로카 영역, 베르니케 영역, 해마처럼 말하기, 단기 기억,

감각, 운동 등을 담당하는 영역이 정해져 있다는 거지.

그런데 뇌가 구조적으로 혹은 기능적으로 변할 수 있다니!

사실 뇌 기능은 특정 부위에 국한되지 않고,

여러 부위가 협력하여 수행된다는 주장도 있었어.

이를 '뇌의 비국소성'이라고 해.

게다가 1980년대 들어 뉴런이 시냅스를 만들지 않고도

신호를 전달할 수 있다는 게 밝혀졌어.

뉴런이 전기나 자기, 혹은 빛을 뿜어내

물리적으로 떨어져 있는 다른 뉴런에게도 정보를 전달하는 거야!

현대의 뇌과학은 뇌 기능이 부분적으로 국소화되어 있지만

여러 영역의 협력과 네트워크 활동이 동시에 이루어진다고 보고 있어.

이 때문에 뇌의 특정 영역이 손상되거나 하면

특정한 기능이나 행동에 문제가 생기지만

우리 뇌의 뛰어난 신경 가소성은 손상된 뇌의 영역이 수행했던

기능을 뇌의 다른 부분이 대체하도록 할 수 있는 거야.

또 우리는 태어날 때의 뇌로 평생을 사는 것이 아니라

살아가면서 얻는 경험과 학습, 운동과 노력, 치료를 통해

새로운 구조와 기능을 갖춘 뇌를 가질 수 있다는 거야.

Check it up 2 │ 상식
이런 뉴런, 저런 뉴런

우리는 아직 뇌에 대해 잘 알지 못하지만

뇌에 대한 새로운 사실이 속속 발견되고 있어.

대표적으로 **다양한 기능을 하는 뉴런이 있다**는 사실이야.

뉴런은 기능에 따라 크게 **감각 뉴런, 연합 뉴런, 운동 뉴런**이 있어.

감각 뉴런은 빛, 소리 등 외부 감각을 받아들여 중추 신경으로 전달하고,

운동 뉴런은 중추 신경계에서 발생한 신호를 근육 등으로 보내.

연합 뉴런은 감각 뉴런과 운동 뉴런의 신호를 중계하는 역할을 해.

이 뉴런들은 모양은 조금씩 다르지만 기본 구조는 같아.

모두 세포체와 수상 돌기, 축삭 돌기로 이루어졌어.

그리고 수상 돌기와 축삭 돌기 사이의 미세한 틈인 시냅스로
정보가 교환돼.

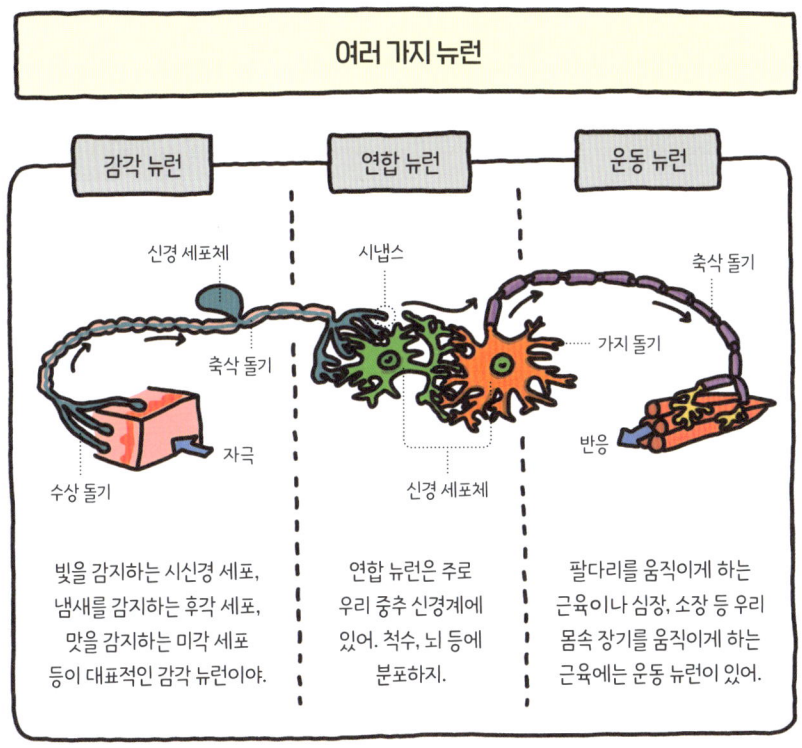

뉴런은 또한 분비하는 신경 전달 물질, 신호를 전달하는 방식 등에
따라서 여러 종류로 나눌 수 있어.
또 아주 독특한 일을 하는 뉴런도 있어.

다들 한 번쯤은 이런 경험이 있을 거야.

TV 예능 프로그램에서 벌칙으로 아주 신 레몬을 먹는 사람을 보며

마치 내가 신 것을 먹는 것처럼 인상을 찌푸린 경험,

혹은 영화에서 주인공이 다친 것을 보며

마치 내가 다친 것처럼 '아야!' 하면서 신음을 내뱉은 경험,

이런 경험을 할 수 있는 건 우리 뇌에 '거울 뉴런'이 있기 때문이야.

거울 뉴런은 다른 사람의 행동을 보거나 그 과정을 듣기만 해도

자신이 실제 그 행동을 하고 있는 것처럼 활성화되는 뉴런으로

전두엽과 측두엽 사이에 주로 분포해 있어.

영화나 드라마, 소설을 읽을 때

웃고 울면서 등장인물에 빠져드는 거나

주머니에서 손을 빼고 앞으로 뻗는 상대의 행동이

악수를 청하는 것인지 아니면 나를 한 대 치려고 하는 것인지

말하지 않아도 아는 것처럼

타인의 감정이나 행동을 공감하고 이해할 수 있는 것도

거울 뉴런 덕분이야.

아이가 엄마 아빠 등 어른의 말을 듣고
그 말을 따라하며 말을 익혀 가는 것이나
친구가 종이를 접어 꽃을 만드는 것을 보고
따라하며 종이로 꽃을 접을 수 있는 것도
즉 말이나 행동을 모방하는 것도 거울 뉴런 덕분이야.
더 나아가 창의적인 예술 활동 역시 거울 뉴런과 관련이 있어.
'모방은 창조의 어머니'라고 하니까!

거울 뉴런이 생겨난 까닭은
타인의 감정과 행동을 공감하고 이해할 때
생존할 가능성이 높았기 때문이야.

원시 시대, 어떤 원시인이 달려오는 것을 보았다고 생각해 봐.

그 행동이 '호랑이에 쫓기는 행동'인지

'사냥감이 있음을 알리기 위한 행동'인지

척 보고 알아야 생존에 유리하지 않겠어?

또 아무리 오래 산 사람이라도 이 세상 모든 것을 경험할 수는 없어.

하지만 누군가의 경험을 보고 듣는 것만으로 이해할 수 있다면

직접 경험하지 않고도 경험한 것처럼 써먹을 수 있지.

그런 사람이 자기 자신의 경험을 통해서만 배운 사람보다

살아남을 확률은 당연히 더 높겠지?

거울 뉴런을 보며 뇌 과학자들은

==뇌는 뇌 속에서만 연결되는 방식으로 진화한 것이 아니라==

==다른 사람과 연결되는 방식으로도 진화한 것==이라고 말해.

다른 사람과 연결이 잘된 뇌를 가진 사람

즉 다른 사람의 말과 행동을 잘 이해하고

다른 사람의 감정에 공감을 잘하는 사람의 뇌가

우리가 사는 사회에서

생존하기 좋은 뇌라고 할 수 있어.

얼굴 뉴런이라는 뉴런도 있어.

아래 사진은 1976년, 바이킹 1호가 화성 표면을 촬영한 사진이야.

그런데 화성 표면에 사람 얼굴과 같은 형상이 보이지?

이를 보고 외계 문명의 증거라며 화들짝 놀란 이들도 있었지만

이는 단순한 자연적 지형과 그림자의 조합일 뿐이었어.

바이킹 1호가 찍은
화성 지표 사진

ⓒ NASA

무질서한 곳에서 우리는 사람의 얼굴과 같은 친숙한 패턴을 찾곤 해.

나뭇가지가 우거진 하늘에서 소녀의 얼굴을 찾고

아무렇게나 흘러가는 구름에서 양떼 모양을 찾은 게 대표적이지.

이런 현상을 파레이돌리아Pareidolia라고 하는데

인간의 뇌가 얼굴과 같은 생존에 필수적인 자극을

쉽게 인식하도록 자연스럽게 발달되어 나타나는 현상이야.

파레이돌리아는 특히
얼굴을 인식하는 데 특화된 **얼굴 뉴런과 관계가 깊어.**
사람들은 대부분 얼굴을 통해 누가 누구인지 재빨리 알아봐.
또 얼굴 표정을 통해 그 사람의 감정도 파악하지.
이는 뇌의 측두엽, 얼굴 인식 영역에 주로 분포되어 있는
얼굴 뉴런의 활동 덕분이야.

얼굴 뉴런이 생겨난 까닭은
인간이 사회를 이루며 살아온 것과 연관이 있어.
여러 사람과 어울려 살아가는 데
누가 누구인지 잘 구별하지 못하는 건 치명적일 수 있어.
얼굴을 못 알아보면 적과 친구를 구별할 수 없잖아!
그래서 사람은 얼굴을 잘 식별할 수 있게 뇌가 발달했고
그 과정에서 얼굴 뉴런이 생겨난 거야.
측두엽의 얼굴 인식 영역이나
얼굴 뉴런이 손상되면 '안면 인식 장애'가 일어날 수 있어.
안면 인식 장애가 심하면 가족도 못 알아보고
거울에 비친 자기 자신조차 못 알아본다고 해.

얼굴 뉴런과 이모티콘
우리가 간단한 선과 원 등으로 사람의 얼굴은 물론 표정까지 나타내는 이모티콘을 쓸 수 있는 것도 얼굴 뉴런 덕분이라고 할 수 있어. 사람은 사람의 얼굴을 인식하려고 하기 때문에 동그라미를 보면 무엇보다도 얼굴을 먼저 떠올리고, 아래의 둥근 반원을 보면 웃는 입을 떠올릴 수 있거든.

이외에도 특정 장소에서만 활성화되는 장소 세포,

자신의 위치를 정확히 계산하는 격자 세포,

시간적 순서를 처리하는 시간 세포,

벽이나 절벽과 같은 곳에 가까이 가면 활성화되는 경계 세포 등

뉴런은 여러 종류가 있어.

아마 우리가 아직 모르는 뉴런도 있을 거야.

> Check it up 3 ｜ 인간

뇌과학을 이용하는 사람들

==뇌과학은 다양한 분야에서 필요==로 해.

대표적인 분야가 ==의학이나 약학== 분야지.

뇌수술을 하려면 뇌의 구조와 기능에 대해 잘 알아야 하고,

퇴행성 뇌질환 치료제를 만들려면

시냅스와 신경 전달 물질에 대해 잘 알아야 하니까.

그래서 뇌과학은 의학이나 약학 발달에 큰 도움이 돼.

반대로 의학이나 약학의 발달이 뇌과학 발전에 도움이 되기도 해.

예를 들어 치료약이 생각지 못한 영향을 뇌에 미치면

뇌에 대해 새로운 사실을 알게 되는 거잖아?

이처럼 뇌과학은 다른 학문 분야와 긴밀하게 연결되어 발전하고 있어.

기업들 역시 뇌과학을 필요로 해.

심리학 가운데 인간의 행동을 이해하고 설명하는 데 초점을 둔 분야를 '행동 심리학'이라고 하는데

행동 심리학 분야에서 아주 유명한 실험이 있어.

'**파블로프의 개**'라고 알려진 실험이지.

러시아의 심리학자인 이반 파블로프 Ivan Petrovich Pavlov, 1849~1936년는

개에게 먹이를 줄 때 항상 종을 울린 뒤 줬어.

개는 먹이를 먹을 생각에 침을 흘렸지.

그러자 어느 순간부터 개는 종만 울려도 침을 흘렸어.

이런 행동이 일어난 이유는 개에게

'종소리는 곧 음식'이라고 조건 학습이 되었기 때문이야.

'종소리가 울리면 먹이를 준다'는 자극이 반복되고

그 반복으로 관련 뉴런 간의 연결이 강화됐지.

그리고 강화가 오랫동안 지속되면서

종만 울리고 먹이를 주지 않아도 관련된 뉴런이 모두 활성화되며

침을 흘리게 된 거야.

자극이 생기면 뉴런끼리 연결되고

자극이 반복되면 뉴런 연결 강도가 높아져

행동으로 일어나게 된다는 것이 과학적으로 밝혀지자

기업들은 이를 **마케팅에 활용**하기 시작했어.

예를 들어 아주 시원한 느낌을 주는 음악과 함께

어떤 음료수를 먹는 영상을 반복적으로 보여 주는 거야.

그러면 시원한 느낌을 주는 음악을 들으면

그 음료가 생각나게 된다고 해.

또 달콤한 향기를 뿜으면서 특정한 도너츠 사진을 보여 주는 거야.

그러면 달콤한 향기를 맡을 때마다 그 도넛이 생각나게 되지.

이렇게 되면 음료와 도넛 판매량을 늘릴 수 있겠지?

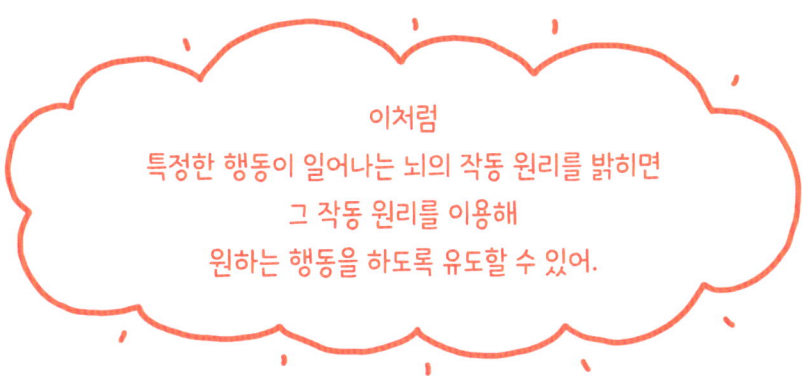

교육 분야에서도 뇌과학이 폭넓게 이용돼.

뉴런의 연결을 강화할 수 있는 학습법을 개발하는 것은 물론 뇌의 발달 단계에 맞는 교육 방법을 찾아야 하기 때문이야.

청소년을 교육할 때를 예로 들어 볼까?

청소년들은 어른보다 충동적인 행동을 잘해.

몸집은 어른만큼 다 컸는데

충동적인 행동을 하면 말리기도 어렵지.

그런데 뇌에 대해 연구한 결과

전두엽은 25세가 되어야 완전히 성숙한다는 게 밝혀졌어.

우리 뇌에서 고차원적 사고, 계획, 충동 억제 등의 기능은
대뇌 피질, 특히 전두엽에서 이루어져.
그런데 이 전두엽이 청소년기에는 미성숙 단계라니!
청소년들이 감정을 잘 다스리지 못하고
충동적으로 행동하는 것은 개인의 성향만이 아닌
전두엽의 미성숙에 원인이 있었던 거야.
그래서 청소년은 감정이 과잉되어 있고
행동의 결과를 충분하게 고려하지 못해 충동적인 행동을 하는 거야.
비판을 비난으로 받아들여 지나치게 방어적일 수도 있지.
또 장기적으로 내다보는 식견도 부족할 수밖에 없어.
그래서 청소년을 훈계할 때는
감정적이고 추상적인 지적은 피하고 공감해 주면서
문제점을 구체적으로 지적하고, 대안까지 제시하면 좋다고
하는 거야.

'너 게임 그만하랬지!'라고
야단치지 말고, '게임만 계속하면
숙제할 시간이 없을 테고, 숙제를 못하면
선생님한테 혼날 텐데……
게임 그만하는 게 어때?'
이런 식으로 말씀해 주시라고요!

범죄를 연구하는 사람들도 뇌과학에 관심이 많아.

사이코패스라고 들어 봤지?

사이코패스는 반사회적 인격 장애(혹은 성격 장애)라고도 하는데

자신의 감정과 고통에는 매우 예민하지만

타인의 감정과 고통에 대해서는 공감하지 못한다고 해.

또한 충동적이면서 자신의 행동을 제어하지 못하는 반면

거짓말과 속임수로 둘러대기는 잘해.

사회적 유대가 약하고 죄를 짓고도 잘못했다고 생각하지 못하지.

그래서 사이코패스 하면 연쇄 살인범 같은 흉악한 범죄를 저지르는

범죄자를 떠올리기 쉬워.

그런데 **사이코패스의 뇌와 일반인들의 뇌를 비교하면 현저한 차이가 있다**고 해.

사이코패스들은 감정, 공감, 공포 반응을 조절하는 뇌의 영역,

충동 조절, 도덕적 판단, 의사 결정 등과 관련된 뇌의 영역이

손상되거나 기능이 저하되어 있다는 거야.

거울 뉴런과 같은 공감과 관련된 뉴런의 연결과 활동도 약하고.

반면 보상과 관련된 뇌의 영역이 지나치게 활성화되어 있고

충동성을 높이는 신경 전달 물질이 많이 분비되지.

그런데 이렇게 전형적인 사이코패스의 뇌를 가진 사람도
범죄와 관련 없이 잘 지낼 수 있어.

제임스 팰런 James H. Fallon, 1947~2023년은 뇌를 연구하는 뇌 과학자였어.
팰런은 사이코패스의 뇌 사진과 일반인의 뇌 사진을 보고 있었는데
그 가운데 전형적인 사이코패스 뇌의 사진을 발견했지.
그런데 그게 바로 자신의 뇌 사진이었어!

조상들을 살펴보니 팰런의 조상 가운데는 범죄자가 많았어.
팰런은 자신의 어린 시절을 떠올려 보고
주변 사람들에게 자신에 대해 물어봤지.
그러자 자신이 어려서부터 냉정하고
타인에 대한 공감 능력이 현저히 떨어졌음을 깨닫게 되었어.
완벽한 사이코패스였던 거야.
하지만 팰런은 자신이 사이코패스가 되지 않고
아주 훌륭한 과학자이자 자상한 부모로 성장할 수 있었던 까닭도
알게 되었어. 부모에게 아낌없는 사랑을 받고 자랐고,
부모님이 끊임없이 타인을 배려하고 존중하고 사랑하라고 가르친
덕분이었지.

뇌과학은 이처럼

반사회적 행동과 뇌의 관계도 연구해 왔어.

그리고 제임스 팰런처럼

범죄의 잠재성이 있는 뇌를 가지고 태어난 사람도

성장 환경에 따라 훌륭한 사회 구성원이 될 수 있음을 보여 주었지.

뇌과학이 인간에게 사회의 역할이 얼마나 중요한지

깨닫게 해 준 거야.

우리 사회가 개인들에게 해야 할 일을 뇌과학이 일깨워 줄 수 있는 거네!

뇌 과학자들은 인간의 뇌지도,
즉 커넥톰connectome을 만들려고 해.
뉴런과 뉴런이 연결된 신경 회로도를 만들려는 거야.
이미 예쁜꼬마선충, 초파리와 같은
모델 생물들의 커넥톰을 완성했고, 이를 발판으로
인간의 커넥톰까지 만들려는 야심찬 계획을 실행 중이지.
왜 커넥톰을 만들려는 걸까?
그 이유와 커넥톰을 만들기 위해
필요한 기술을 함께 살펴보자.

Level 3

뇌 지도를 만든다고?

예쁘고 우아하기까지!

> Check it up 1   상식

커넥톰은 왜 만들까?

예쁜꼬마선충 커넥톰은 어떻게 만들까?

예쁜꼬마선충의 커넥톰을 만들려면

먼저 화학 처리를 해서 몸이나 신경이 변형되지 않도록 해야 해.

그런 다음 예쁜꼬마선충의 몸을 아주 얇게 잘라.

커넥톰을 완성한 브레너 연구팀은

예쁜꼬마선충의 몸을 약 8,000개로 잘랐대.

예쁜꼬마선충 크기가
1밀리미터 정도라고 하지 않았어?
1밀리미터를 어떻게 8,000개로 잘라?

그러니까 대단한 거지!

1밀리미터를 8,000개로 잘랐으니 각 조각의 두께는 125나노미터nm쯤 돼.

1나노미터는 0.000,000,001미터니까.

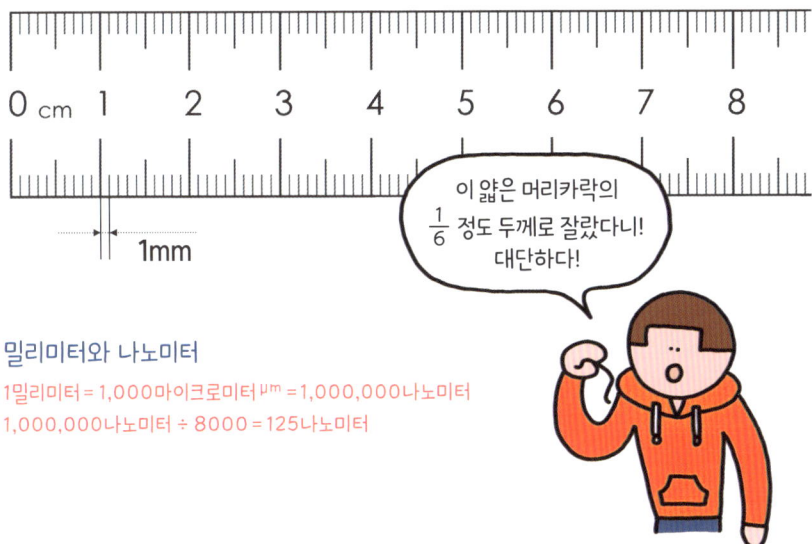

밀리미터와 나노미터

1밀리미터 = 1,000마이크로미터㎛ = 1,000,000나노미터
1,000,000나노미터 ÷ 8000 = 125나노미터

머리카락이 보통 70~100 마이크로미터야.

1마이크로미터는 1,000 나노미터니까

얼마나 얇게 자른 건지 알겠지?

예쁜꼬마선충의 몸을 자른 다음에는

각 단면의 사진을 찍고 각 부분이 무엇인지 표시를 해.

이제부터는 일종의 퍼즐 맞추기를 해야 해.

같은 표시끼리 계속 이어지도록 사진을 맞춰 나가면

어느 순간 가지 돌기가 발견되고

그 가지 돌기를 중심으로 사진을 맞추며 따라가면

세포체가 나오겠지?

그 세포체를 따라가면 축삭 돌기, 그리고 축삭 말단이

다른 뉴런의 가지 돌기와 연결되는 지점인 시냅스가 보일 거야.

이런 방식으로 예쁜꼬마선충의 302개 뉴런 위치와

그 뉴런들이 만든 7,000~8,000개에 달하는 시냅스를 모두 찾아내

예쁜꼬마선충의 신경 세포 회로도인 커넥톰을 그린 거야.

그러니 얼마나 오래 걸렸겠어!

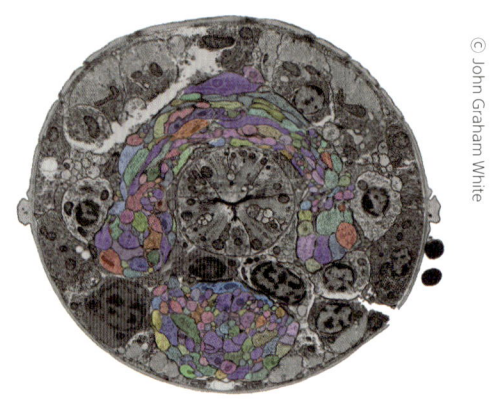

예쁜꼬마선충의 단면도

이런 커넥톰은 왜 만들려고 하는 걸까?
앞에서 말했듯, 예쁜꼬마선충 유전자의 약 40%가
인간과의 공동 조상에서 유래했어.
이 때문에 예쁜꼬마선충의 뉴런 및 신경망이
인간과 유사하게 작용하는 면이 있는 거야.
그래서 예쁜꼬마선충의 커넥톰을 이용해
여러 가지 실험을 하고 있지.

먼저 **특정한 뉴런, 특정한 신경망이**
어떤 행동을 하는 데 작용하는지 알아내기 위한 실험을 하고 있어.
특정한 뉴런의 활동을 정지하거나 반대로 활성화한 뒤
커넥톰의 변화를 관찰하는 거야.
신경망 역시 마찬가지지.
가령 움직임과 관련된 신경망을 손상시킨 뒤
커넥톰의 변화를 관찰하면
신경망이 사라지기도 하고, 새로운 신경망이 형성되기도 할 거야.
이를 비교하면 새로운 신경망이 만들어지는 조건을 알 수 있고
손상된 신경망을 다시 만들 수 있는 방법도 찾을 수 있지.

환경이 신경에 미치는 영향도 알 수 있어.

다양한 환경에서 자란 예쁜꼬마선충들의 커넥톰을 비교해서

환경에 따라 어떤 뉴런이나 신경망이 활성화되고

반대로 비활성화되는지 관찰하는 거지.

그러면 뉴런이 잘 활성화되고

신경망을 잘 형성할 수 있는 조건도 알 수 있겠지?

인간에게는 알츠하이머병, 파킨슨병과 같은

신경 질환을 일으키는 유전자가 있는데

예쁜꼬마선충에도 그런 유전자가 있어.

그런 유전자를 변형시키면 예쁜꼬마선충도 신경 질환에 걸리지.

예쁜꼬마선충의 커넥톰과

신경 질환에 걸린 예쁜꼬마선충의 뉴런과 신경망을 비교하면

신경 질환이 뉴런과 신경망을 어떻게 손상시키는지,

또 어떤 약물을 투여할 때 그 손상을 줄이거나 치료할 수 있는지

찾아낼 수도 있는 거야.

우리가 유전자의 약 $\frac{1}{3}$을 공유한다는 걸 잊지 마!

이처럼 커넥톰을 이용하면

뉴런과 신경망에 대해서 알 수 있을 뿐만 아니라

신경 질환을 치료하는 데도 큰 도움을 받을 수 있어.

그래서 커넥톰에 대한 연구는 계속되고 있지.

2023년에는 예쁜꼬마선충의 무선 통신 커넥톰도 만들어졌어.

뉴런은 시냅스를 통해 물리적으로 연결되어 정보를 주고받지만

시냅스 없이도 정보를 주고받을 수 있다고 했잖아?

뉴로펩타이드라고 불리는 신경 전달 물질을 이용해

물리적으로 떨어져 있는 뉴런과도 정보를 주고받는다고!

뉴런에는 우리가 쓰는 와이파이와 같은 기능이 있는 거야.

그런데 영국 캠브리지대학교 분자 생물학 연구소 연구진이

예쁜꼬마선충의 무선 통신 커넥톰을 완성한 거야.

2024년에는 초파리의 커넥톰이 완성됐어.

초파리는 예쁜꼬마선충 못지않은 '모델 생물'이야.

인간과 약 70%의 유전자를 공유하지.

DNA가 유전 물질이라는 것도 초파리를 이용한 실험에서 증명하는 등

초파리 연구로만 총 10명의 연구자가 6번의 노벨상을 받았어.

초파리는 인간 뇌를 연구하는 데서도 중요한 모델 생물로 활용하고 있어.

초파리의 뇌가 인간의 뇌와 비슷한 점이 있으면서도

인간 뇌보다는 훨씬 작고 단순해 연구하기 쉽거든.

단순하다고는 해도 초파리의 신경망은

약 14만 개의 뉴런과 5,000만 개 이상의 시냅스로 이루어져 있어.

예쁜꼬마선충과는 비교도 할 수 없을 정도로 복잡한 구조지.

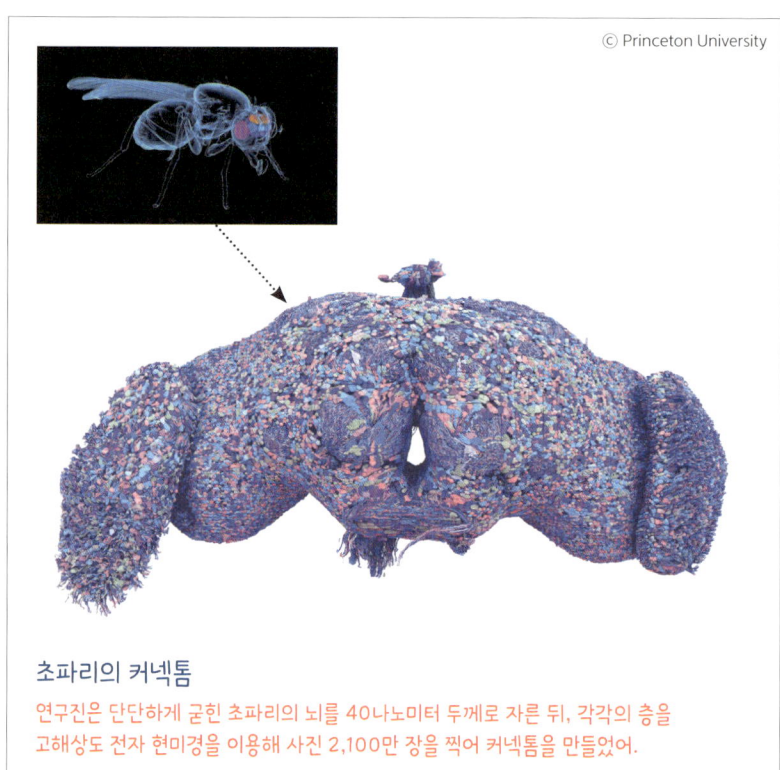

ⓒ Princeton University

초파리의 커넥톰
연구진은 단단하게 굳힌 초파리의 뇌를 40나노미터 두께로 자른 뒤, 각각의 층을 고해상도 전자 현미경을 이용해 사진 2,100만 장을 찍어 커넥톰을 만들었어.

그래서 초파리의 커넥톰 연구는

시각 시스템 등 부분적으로 진행되다가

2010년, 초파리의 유전체(게놈) 지도가 완성되면서 본격화됐어.

2020년, 초파리 애벌레의 커넥톰이 완성됐고

2024년에는 초파리의 완전한 커넥톰이 만들어진 거야!

초파리 뇌는 1밀리미터도 안 되지만,

뉴런이 연결된 신경망을 한 줄로 세우면 약 150미터나 된다고 해.

초파리 하면 여름철 먹고 남은 음식에 달라붙는

작고 귀찮고 더러운 곤충이라고만 생각하기 쉬워.

하지만 초파리의 움직임은 예쁜꼬마선충과는 비교할 수 없이

다양해. 우리는 절대 못하는 비행까지 가능하고

짝을 찾기 위해 세레나데까지 부를 정도지.

그래서 초파리 커넥톰을 이용하면

예쁜꼬마선충 커넥톰으로 받는 도움보다 훨씬 더 많은 도움을

받을 수 있을 거야.

대표적인 예가 행동과 관련된 거야.

초파리의 행동은 예쁜꼬마선충과 비교하면 훨씬 다양해.

걸을 수 있고, 날 수 있지.

또 걷다가 멈출 수도 있고,

앞다리는 비비면서 뒷다리만 멈춰 있을 수도 있어.

이런 움직임마다 활성화되는 뉴런과 신경망이 있겠지?

이런 뉴런과 신경망을 연구하면

움직임과 관련된 뇌의 움직임을 보다 잘 알 수 있어.

또 초파리는 세레나데를 부른다고 했지?

한마디로 구애 활동을 하는 건데

이때 어떤 뉴런과 신경망이 작동하는지 알면 우리가 흔히

사랑이라고 부르는 감정의 작동 원리를 밝혀 낼 수 있을 거야.

이처럼 **초파리의 커넥톰이 완성되면서**

우리에게 **뉴런과 신경망에 대해 더 많은 것을**

알 수 있는 방법이 생겼어.

앞으로 쥐의 커넥톰, 더 나아가 인간 커넥톰이 만들어질 거야.

이는 시간 문제라고도 하는데

이런 커넥톰을 만들기 위해 무엇이 필요할까?

(Check it up 2) 인공지능

커넥톰과 AI

초파리 커넥톰을 만드는 것은
예쁜꼬마선충 커넥톰을 만드는 것과는 비교할 수 없는
대규모 작업이었어.
두 생명체의 뉴런과 시냅스를 비교해 보면 금세 알 수 있지.

	예쁜꼬마선충		초파리
뉴런(개)	302	약 460배	139,255
시냅스(개)	7,000~8,000	약 6,500배	50,000,000

이처럼 뉴런과 시냅스에서 엄청나게 차이가 나는데도
초파리 커넥톰을 만드는 데는 10년 조금 넘게 걸렸어.
예쁜꼬마선충 커넥톰을 만드는 데는 20년 가까이 걸렸는데!
==커넥톰을 제작하는 데 필요한 기술의 발전== 덕분이지.

커넥톰을 만들기 위해서는 먼저
엄청나게 작은 것도 볼 수 있는 ==전자 현미경==이 필요해.
현미경은 빛을 이용해 시료(현미경에 올려 보고자 하는 물체)를
크게 확대해서 볼 수 있게 해 주는데
보통 40~1,000배로 물체를 확대해 보여 줘.
그런데 40~1,000배의 배율(확대해 보여 주는 정도의 비율)로는
커넥톰을 만들기 어려워.
뉴런의 크기는 보통 4~100마이크로미터이고
뉴런과 뉴런이 연결되는 시냅스 부위는 20~50나노미터 정도야.
이렇게 작은 것을 우리 눈으로 자세히 볼 수 있으려면
적어도 20~50나노미터를 1센티미터 정도로는 볼 수 있어야 해.
그것도 아주 선명하게!
따라서 일반 현미경으로는 뉴런이나 시냅스를 제대로 관찰할 수
없지. 그래서 전자 현미경을 쓰는 거야.

뉴런이나 시냅스를 관찰할 수 있는 전자 현미경은 빛 대신 전자 빔을 사용해.
시료에 전자 빔을 쏘면
전자들이 시료를 얼마나 통과하느냐에 따라 명암이 생성되는데
이 명암이 컴퓨터 프로그램으로 처리되어
모니터에 우리가 볼 수 있는 이미지로 나타나지.

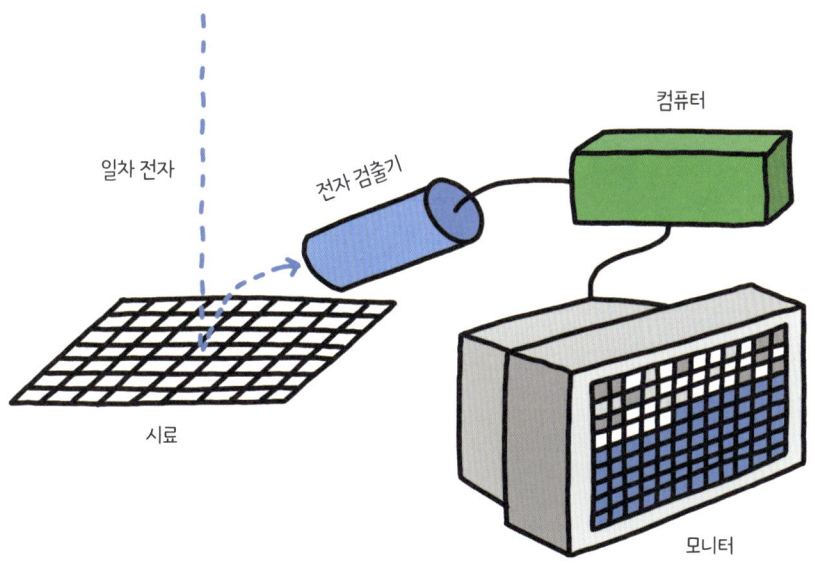

주사 전자 현미경
전자 현미경은 전자의 사용 방법에 따라 투과와 주사, 두 가지 형태가 있는데, 위 그림은 주사 전자 현미경의 대략적인 구조를 나타내는 그림이야.

얇게 자르는 **절삭 기술**도 중요해.

요즘은 50~70나노미터 정도로 얇게 자를 수 있는

초미세 절삭기를 개발했지.

특수한 단백질 등을 이용해 시료를 염색하는 기술도 개발하고 있어.

이런 **염색 기술**을 이용하면 보고 싶은 부분만 염색을 한다든지

연결되는 부분만 염색이 되게 해서 관찰하기 쉽게 만드는 거지.

골지가 염색법을 찾아내 뉴런을 관찰했던 것과 같은 거네!

모니터에 이미지로 보여질 때

보다 선명하고 확실한 이미지로 나타나면 관찰하기 더 쉽겠지?

그래서 '**이미징 기술**' 개발에도 힘을 쏟고 있어.

그리고 그 이미지들을 이용해

3차원 이미지를 만들 수 있는 기술이 또 필요해.

3차원 이미지를 만드는 과정을 잠깐 볼까?

아래와 같은 이미지 5장을 얻었다면,

각 이미지에 특정한 지점이 서로 어떻게 연결되는지 찾아야 해.

일종의 퍼즐 맞추기를 해야 하는 거야.

예전에는 이 퍼즐 맞추기를 다 사람이 했어.

사람이 수천수만 장의 이미지를 비교하면서

첫 번째 이미지에 A, B, C, D……를 표시하고

두 번째 이미지에도 A, B, C, D…… 표시하면서

각 이미지의 A끼리 B끼리 이어지면 어떤 3차원 이미지가

만들어지는지를 그리는 거지.

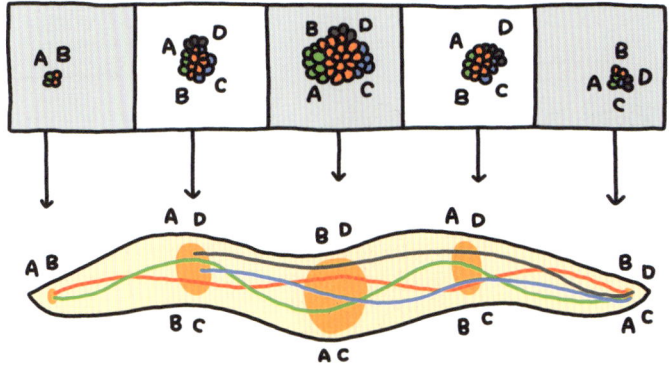

3차원 이미지 만들기

각 사진에서 똑같이 표시된 A, B, C, D……를 연결하면 하나의 선이 되겠지? 특정한 뉴런, 특정한 시냅스, 그 뉴런과 시냅스들의 연결망 등을 선으로 표시하면 신경망이 되는 거야. 아주 얇게 잘라 사진을 찍을 수 있다면 빠진 뉴런, 빠진 시냅스 없이 신경망을 시각화할 수 있을 거야.

지금은 이 작업의 많은 부분을 '인공지능'이 하고 있어.

이미지에서 세포체, 가지 돌기, 축삭, 축삭 말단, 시냅스 등등을 표시하고 그 표시된 부분을 이어 붙여 3차원으로 만드는 일을 사람 대신 인공지능이 하는 거지.

여전히 사람의 손이 필요하기는 해.

인공지능이 완전하지 않기 때문에 사람이 검사를 해 봐야 하는 거야.

하지만 인공지능 덕분에 이 작업이 엄청나게 빨라져, 예쁜꼬마선충보다 훨씬 복잡한 초파리의 커넥톰이 10여 년 만에 완성될 수 있었던 거야.

초파리 커넥톰 프로젝트를 진두지휘했던 프린스턴 대학의 세바스찬 승Sebastian Seung, 1966년~ 교수는 이렇게 말했을 정도야.

초파리 커넥톰 제작을 진두지휘했던 세바스찬 승 교수는 한국계 미국인으로 우리나라 이름은 승현준이야. 승 교수는 뇌과학의 세계적인 석학으로 꼽혀.

그런데 재미있는 사실을 하나 알려 줄까?

인공지능이 오늘날처럼 발달할 수 있게 된 데에는 뇌과학의 영향이 엄청나게 컸다는 사실이야.

인공지능이라는 개념은 1950년대에 본격적으로 제기됐어.
컴퓨터가 개발되고, 계산 기능이 나날이 발전하면서
인간처럼 사고하는 컴퓨터도 만들 수 있다고 생각한 거야.
그래서 컴퓨터를 학습시킬 수 있는 다양한 방법을 찾았어.
처음에는 논리 혹은 규칙 기반의 프로그램을 이용했어.
논리 혹은 규칙 기반 프로그램이란,
'무엇은 무엇이다'라고 사람이 내린 정의를 기준으로
컴퓨터를 학습시키는 거야.
예를 들어 컴퓨터에게 '고양이'를 구별할 수 있게 학습시키려면
고양이에 대해 정의를 내려야 하는 거야.
그런데 고양이에 대한 정의를 내릴 수 있을까? 고양이는 뭐야?

고양이는…… 집에서 키우는 애완 동물?
다리가 네 개, 꼬리가 하나, 몸이 털로
덮이고, 털은 하얗거나 검정, 얼룩…….

고양이에 대해 한마디로 정의하는 건 거의 불가능해.
그래서 AI 과학자들은 논리나 규칙 기반의 프로그램으로는
기계를 가르칠 수 없다는 것을 깨달았어.
대신 그들은 인간에게 눈을 돌렸어. 인간의 사고 활동은
뇌에서 비롯되고 뇌에서의 학습은 뉴런과 뉴런의 연결을 통해 일어나.
뇌과학이 이런 인간의 뇌와 뉴런의 활동,
그리고 뉴런이 신경망을 이루는 방법 등을 밝혀내고 있었어.

뇌과학을 통해 뉴런과 신경망에 대해 알게 된 AI 과학자들은 컴퓨터를 학습하는 데 뇌과학을 이용하기로 했어.
뉴런의 작동 원리와 뉴런과 뉴런이 연결되는 신경망을
인공적으로 만들어야겠다고 생각한 거야.
이렇게 해서 개발된 게 바로 '**인공 신경망**'이야.

AI 과학자들은 뉴런 대신 노드를 만들고
뉴런이 신경 화학 물질을 통해 정보를 주고받은 것처럼
노드와 노드 사이를 계산식으로 연결시켰어.
또 뉴런처럼 노드와 노드를 한 줄로만 연결한 게 아니라 그물망처럼
네트워크를 이루도록 그것도 여러 겹으로 이루어지도록 설계했지.

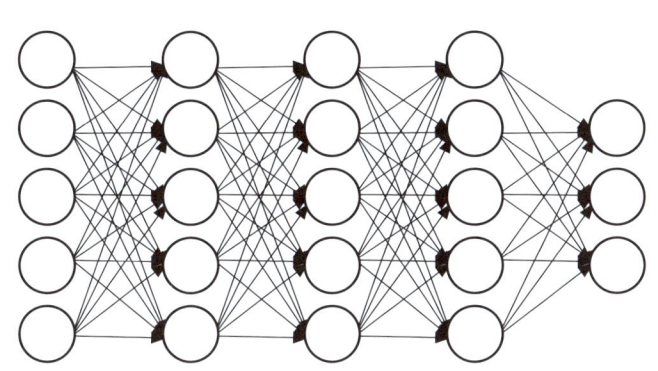

인공 신경망

각 원이 노드야. 이 노드는 뉴런과 같다고 보면 돼. 화살표는 노드와 노드의 연결, 즉 시냅스야. 노드도 뉴런처럼 여러 개의 노드와 연결되어 있지? 또 이런 연결은 여러 층으로 이루어져 있어. 뉴런 1개가 1,000개 이상의 시냅스를 만드는 것처럼 인공 신경망의 노드도 수많은 노드와 연결될 수 있어.

이렇게 설계된 인공 신경망을 학습시킬 때도

사람이 학습하는 것과 비슷한 방법을 썼어.

아이에게 '고양이'가 뭔지 알려 줄 때, 어떤 방법을 쓰지?

세상에 온갖 고양이를 보여 주며

이것도 고양이, 저것도 고양이……

이렇게 알려 주다 보면 아이는 어느 순간 고양이와 강아지를

명확히 구분할 수 있게 돼.

인공 신경망도 이런 식으로 학습시켰어.

수백수천 장의 고양이와 강아지 사진을 보여 주면서

고양이와 강아지를 알려 주었지.

그러자 인공 신경망도 고양이와 강아지를 구별하게 되었어.

이때부터 AI는 폭발적으로 발전해서

지금은 묻는 말에 척척 대답하고

그림이나 음악, 동영상도 만들어 주고 있지.

이렇게 발달한 AI는 지금

뇌과학 발전에 빼놓을 수 없는 기술이 됐어.

그래서 뇌 과학자들은 뇌과학에 필요한 인공지능 개발에도 힘을 쏟고 있어.

커넥톰을 만들 때 이미지를 분석하고 이미지의 각 지점을 연결할 수 있는 인공지능을 개발하는 것이 대표적이라고 할 수 있지.

Check it up 3 | 기술

살아 있는 뇌를
어떻게 볼 수 있을까?

뇌를 연구하는 데 가장 어려운 문제 가운데 하나는

살아 있는 인간의 뇌를 실시간으로 관찰할 수 없는 것이었어.

전자 현미경을 이용해도 죽은 뇌나

살아 있는 뇌라도 아주 좁은 부분만 관찰이 가능했지.

살아 있는 사람의 뇌를 관찰할 수 있는 기회는

뇌 수술을 할 때 정도였고.

그런데 살아 있는 사람의 뇌 전체를

실시간으로 관찰할 수 있는 의료 기기들이 발명된 거야.

대표적인 것이 MRI Magnetic Resonance Imaging 와 fMRI Functional MRI 야.

==MRI는 우리말로 '자기 공명 영상'==이라고 불러.

MRI 검사를 할 때는 커다란 통에 들어가야 하는데

이 통에서는 자기장이 생성돼.

우리 몸속 수소 원자는 이 자기장에 반응하게 돼.

그 반응 정도를 컴퓨터로 계산하면 우리 몸의 영상을 얻을 수 있어.

복부 MRI를 찍으면 내장에 병이 생긴 것을 발견할 수 있고

어깨나 무릎을 찍으면 그 부분의 근육이나 관절 이상도 알 수 있어.

또 뇌 MRI를 찍으면 뇌의 구조를 생생하게 볼 수 있어.

이를 통해 뇌의 이상 여부를 찾아

알츠하이머병, 뇌졸중 등 질병을 진단할 수 있는 거야.

나이에 따른 뇌 발달 변화나 노화 연구도 가능하지.

특정한 반응에 뇌의 어떤 영역이 반응하는지도 찾아낼 수 있어.

==fMRI는 '기능성 자기 공명 영상'==이라고 해.

뇌의 특정 뉴런이나 신경망이 활성화되면

많은 에너지가 필요해져서 그쪽 혈관이 확장하게 돼.

피가 몰리는 거야. fMRI는 이 변화를 측정해 뇌의 특정 영역이

어떻게 통신하고 협력하는지 보여 줄 수 있어.

또 우울증, 조현병 등과 관련된 이상도 알아낼 수 있지.

CT Computed Tomography 컴퓨터 단층 촬영,

PET Positron Emission Tomography 양전자 방출 단층 촬영 역시

비슷한 역할을 해.

뇌과학은 이처럼 다양한 영상 촬영 장비를 이용해

뇌의 구조와 기능을 연구하고 있어.

뇌파 검사EEG, Electroencephalography를 이용하기도 해.

두피에 전극을 부착해

뇌의 뉴런이 활동할 때 생성되는 전기 신호를 감지하는 거야.

이때 감지되는 전기 신호는 여러 가지인데

어떤 상태에서 어떤 전기 신호를 내는지를 찾아냈어.

예를 들어 베타파Beta, 13-30 Hz는 스트레스를 받을 때

감마파Gamma, >30 Hz는 고차원 인지, 학습과 관련된 활동을 할 때

발생한다는 걸 알게 됐지.

각각의 경우 어떤 뉴런과 신경망이 활성화되는지를 알면

어떤 활동에 뇌가 어떻게 작동하는지도 알 수 있겠지?

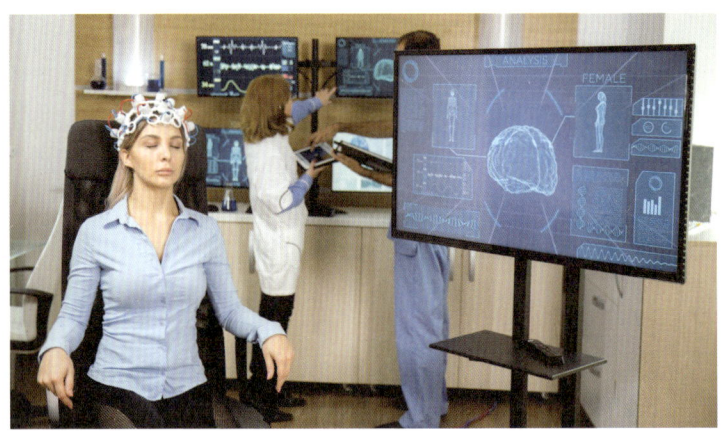

뇌파 검사
뇌파 검사는 사진처럼 전극을 머리에 붙이고 진행해.

이처럼 뇌의 영상이나 뇌파를 측정하는 장치들은
모두 컴퓨터와 연결되어 촬영 결과를 시각적으로 보여 줘.
여기에서도 인공지능은 큰 역할을 하고 있지.
정상적인 뇌와 문제가 생긴 뇌를 찾는 건
우리 눈보다 인공지능이 더 정확할 수 있어.
또 찍은 영상을 우리가 보기 좋게 바꾸는 것도
사람보다 인공지능이 훨씬 잘 하지.

인공지능의 도움으로
인간 커넥톰을 완성하는 건 시간 문제가 됐어.
한편 MRI, EEG 등과 같은 기술의 발달로
인간의 뇌를 실시간으로 관찰하고 있지.
이제 뇌 과학자들은 뇌와 컴퓨터,
혹은 뇌와 로봇을 연결하려 하고 있어.
왜 이런 일을 하려는 것일까?
그리고 그러한 뇌과학 발전이 우리에게
어떤 영향을 미칠지 알아보자.

NEXT LEVEL

뇌를 읽는다면

뇌과학이 발달한 세상

Check it up 1) BCI

뇌와 연결된 컴퓨터, 컴퓨터와 연결된 뇌

뇌 과학자들은 BCI를 연구하고 있어.

BCI는 Brain-Computer Interface의 약자로, 뇌와 컴퓨터를 연결하는 거야. 1973년, 처음 개념이 등장한 이 기술은 사지가 불편한 장애인들의 편의를 위해 개발하기 시작했어. 기기를 통해 측정된 뇌 활동으로 컴퓨터나 외부 기기를 제어할 수 있도록 설계한 시스템이지.

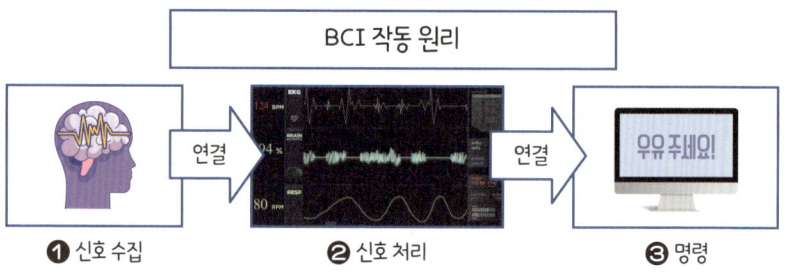

BCI 작동 원리

❶ 신호 수집 — 연결 — ❷ 신호 처리 — 연결 — ❸ 명령

BCI가 작동하려면 **먼저 뇌 신호를 수집**해야 해.

앞에서 살펴본 fMRI나 EEG 같은 기기를 통해

뇌파를 측정하거나 뇌의 혈류 변화를 분석해서 신호를 수집하는 거야.

뇌 표면에 전극을 심어 신호를 수집할 수도 있어.

그런 다음 **신호들을 처리**해.

뇌에서 보내는 다양한 신호 가운데

의미가 있는 신호를 추출한 뒤

신호들이 어떤 의미를 나타내는지 분석하는 거야.

컴퓨터는 그 분석된 의미를 컴퓨터의 언어로 변환해서

모니터 등 **단말기에 명령**을 내려.

이런 **BCI는 어디에 어떻게 사용할 수 있을까?**

먼저, **의료 분야**에서 널리 쓰일 수 있어.

뇌 손상 등으로 말을 제대로 할 수 없는 환자를 생각해 봐.

BCI를 이용해 컴퓨터와 연결된 모니터

더 나아가 스피커를 이용한다면 대화를 할 수 있어!

BCI 기술을 적용하면 생각만으로 키보드를 조작할 수도 있어.

온몸을 움직일 수 없는 환자들도

생각만으로 인터넷을 통해 전 세계 사람들과 소통이 가능한 거야.

게임이나 엔터테인먼트 쪽에도 적용이 가능해.

지금은 게임을 하려면 마우스와 키보드와 같은 입력 장치를

이용해야 하지만

BCI 기술을 이용하면 생각만으로 게임 캐릭터를 움직일 수 있어.

그렇다면 자신이 게임 속 캐릭터가 된 것과 같은

체험을 할 수 있겠지?

이런 게임을 더욱 심화시켜 가상현실을 만들어 내면

게임 속으로 들어간 것과 같은 경험,

몰입형 가상현실VR을 체험할 수 있을 거야.

흔히 말하는 메타버스로 나아갈 수 있는 거지.

그래서 **많은 기업이 BCI 분야에** 뛰어들고 있어.

일론 머스크가 세운 뉴럴링크Neuralink,

빌 게이츠가 투자한 싱크론Synchron 등이 대표적이야.

뉴럴링크는 가장 먼저 BCI 기술을 개발하기 시작한

기업 가운데 하나야.

뇌에 직접 심는 칩을 개발해

생각만으로 컴퓨터를 움직이는 기술을 개발하고 있지.

처음에는 원숭이를 대상으로 실시했지만

2023년에는 미국에서, 2024년 12월에는 캐나다에서

사람을 대상으로 임상 실험을 했어.

2024년 1월에는 사지 마비 환자의 뇌에 컴퓨터 칩을 이식해

생각으로 마우스를 움직이고, 체스 게임을 하는 데 성공했지.

미국 식품의약국FDA: Food and Drug Administration은

뉴럴링크의 기술을 뇌과학 분야의 획기적인 진전으로 평가하고

뉴럴링크의 뇌 이식 칩을 '혁신 장치'로 지정했을 정도야.

ⓒ Neuralink

뇌 이식 칩으로 게임하는 환자
뉴럴링크의 첫 환자인 놀랜드 아르보가 생각으로 커서를 제어해서 체스를 두고 있어.

BCI를 이용한 전자약을 개발하는 기업들도 있어.

전자약이란 뇌파를 이용해 질병을 치료하는 기술이야.

우울증과 같은 뇌 질환을 치료하는 데 이용되지.

뇌파 측정 기기를 통해 뇌의 상태를 진단하고

증상을 호전시키는 데 필요한 뇌파를 발생시켜 질환을 치료해.

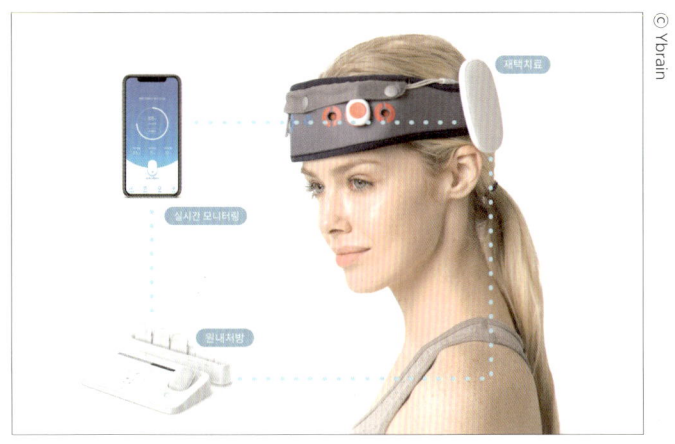

뇌 질환을 치료하는 전자약
의사의 처방을 받으면 이와 같은 전자약을 처방받아 우울증 등을 치료할 수 있어.

이러한 전자약은 스트레스, 불면증을 관리하는

건강 관리 기기 형태로도 개발되고 있어.

스트레스, 불면증으로 시달리는 사람이 많은데

그 사람들에게는 반가운 소식일 거야.

자동차 관련 기업들도 BCI 기술에 관심을 기울이고 있어.

대표적인 게 운전자의 뇌파를 분석해서

피곤이나 졸음을 방지하는 기술이야.

피곤해서 졸음이 밀려오기 전에

뇌를 깨우거나 쉬게 한다면 훨씬 더 안전하게 운전할 수 있겠지?

또한 뇌파로 감정을 측정하고 표정 변화를 인식해

다른 사람의 마음과 변화를 읽는 기술,

뇌파를 이용해 주의력과 집중력을 증가시켜

업무 효율과 학습 능력을 향상시키는 기술,

EEG와 fMRI 신호를 이용해 머릿속에 떠오르는

영상을 재구성하거나 상상하는 것을 시각화하는 기술,

자각몽(자신이 꿈속에 있음을 인지하고 꾸는 꿈)을 만들어 내는 기술 등도

개발되고 있지.

대부분 기술은 개발 중이야.

하지만 머지않아 우리 미래를 바꿔 놓을 기술이 나올 게 분명해.

바로 너의 뇌 속에서

그 기술을 만들 아이디어가 생겨날 수도 있어!

Check it up 2) BMI

뇌와 연결된 로봇, 로봇과 연결된 뇌

BMI는 Brain-Machine Interface의 약자야.
뇌와 모든 사물을 연결시킨다는 뜻으로, BCI 기술을
컴퓨터를 넘어 모든 사물로까지 확대시키는 개념이라고 할 수 있어.
잘 걷지 못하는 환자들에게 로봇 의수나 외골격을 이용해
생각대로 움직일 수 있게 하는 기술이 BMI 대표 기술이라고 할 수 있지.

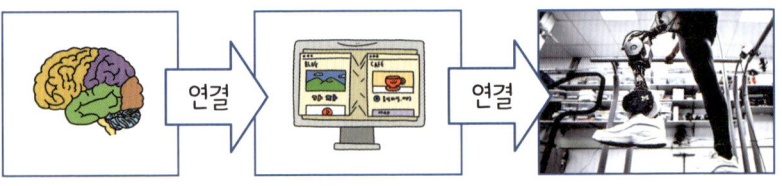

BMI 작동 원리

ⓒ Joseph Xu/Michigan Engineering

그래서 BMI 기술은 여러 산업 분야에서 폭넓게 관심을 기울이고 있어.

대표적인 게 자동차 분야야.

앞에서 운전자의 뇌파를 분석해서 피곤이나 졸음을 방지하는 시스템을 개발하고 있다고 했지?

그런데 미국의 한 자동차 관련 회사는 뇌파만으로 자동차를 운전하는 데 성공하기도 했어.

뇌와 컴퓨터, 자동차를 연결하는 기술로 손도 안 대고 자동차를 운전하려고 하는 거야.

이 기술이 피곤과 졸음을 방지하는 기술과 연결되면 더 안전한 운행을 할 수 있겠지?

뇌파만으로 자동차 문을 열고, 자동차 트렁크를 열 수 있으면 더 편리할 거야!

나중에는 자율주행 자동차와 뇌파로 운전하는 자동차 가운데 하나를 선택해야 하는 거 아니야?

자동차를 운전하다 보면, 뭔가를 조정해야 할 필요가 생겨.

룸미러를 조금 내린다든지

백미러를 조금 올린다든지

자동차 운전석을 조금 뒤로 젖힌다든지 하는

간단한 일 같지만 자동차를 운전하는 데 자칫 방해될 수 있는

일들이지.

그런데 생각만으로 이를 조절할 수 있다면

안전 운전을 하는 데 훨씬 도움이 될 거야.

자동차 분야에서 BMI에 관심을 둘 수밖에 없는 까닭을 알겠지?

이렇게 보면 **비행기 제작 회사도 BMI에 관심**을 가질 수 있어.

항공기가 동체 착륙을 시도하다 큰 사고가 나는 경우가 많아.

착륙할 때 바퀴가 자동으로 비행기 몸체 밖으로 나와야 하는데

문제가 대표적이지.

이때 조종사가 직접 조작해 바퀴를 내릴 수 있다고 하는데

만약 BMI가 적용되어 뇌파로 바퀴를 내릴 수 있다면

조종사는 급박한 상황에 더 신속하게 대처할 수 있지 않을까?

<mark>집안에서 쓰는 여러 물건을 생산하는 분야</mark>에서도

BMI에 관심이 많을 수밖에 없어.

집 안에서 쓰는 청소기만 해도 그래.

지금은 로봇 청소기를 작동시키려면

본체의 버튼을 누르거나 스마트폰의 앱을 이용해.

하지만 우리 뇌와 로봇 청소기가 연결되어 있으면?

'집이 너무 더럽네! 청소해야겠어.'라는 생각만으로

로봇 청소기를 작동시킬 수 있으니 얼마나 편리하겠어?

텔레비전과 뇌가 연결되어 있다면?

재미가 없어 채널을 돌려야 할 때

리모컨을 찾아야 하는 수고로움을 줄일 수 있어!

냉장고가 뇌와 연결되어 있으면?

냉장고를 열지 않고도 냉장고 속에 뭐가 들어있는지

냉장고와 연결된 컴퓨터를 통해 보고받을 수 있지.

보일러나 에어컨이 뇌와 연결되어 있다면?

우리가 생각도 하기 전에

우리 몸에 적절한 온도와 습도를 찾아 기기를 작동시킬 거야.

우리 뇌가 인식하기도 전에

우리가 느끼는 감각이 컴퓨터를 통해 사물을 조절할 테니까.

이밖에도 세탁기, 전자레인지 등등 수많은 가전 제품이

컴퓨터에, 그리고 우리 뇌와 연결되어 있다고 상상해 봐.

BMI 기술은 로봇 분야에서도 관심이 많을 수밖에 없어.
앞에서 말한 의족이나 외골격 로봇은 당연하고
드론과 같은 로봇에도 BMI 기술을 적용할 수 있어.

드론은 정말 널리 사용되는 로봇이야.
농부들은 드론으로 농산물의 작황을 탐지하고 농약을 뿌려.
이때 농부들은 조이스틱 형태의 드론 조종간을 이용하지.
그런데 이 조종간 대신
생각으로 드론을 움직일 수 있다면 얼마나 편리하겠어?
드론은 군사용으로도 많이 사용해.
적의 상황을 탐지하거나 공격 목표에 타격을 가하기도 하지.
이때는 드론 조종사들이 생각만으로 드론을 조종한다면
훨씬 편리하고 드론을 보다 잘 조종할 수 있을 거야.

개를 닮은 로봇을 견마 로봇이라고 하는데
견마 로봇은 전쟁 중 정찰이나 운송의 임무를 수행하기도 해.
또 견마 로봇은 밤에 공장을 경비하거나 순찰하는 데도 쓰이지.
이때도 견마 로봇과 컴퓨터, 사람이 연결되어 있으면
훨씬 편리하게 경비와 순찰을 할 수 있을 거야.

요즘에는 인간과 함께 산업 현장에서 일할 수 있는

<mark>협동 로봇</mark> 개발도 활발해.

이런 로봇들과 작업자가 컴퓨터로 연결되어 있으면

일의 능률은 물론 안정성을 높이는 데도 훨씬 도움이 될 거야!

ⓒ Kuka Robotics

BMI 기술은 <mark>우주 탐사와 같은 극한 환경에서</mark>

<mark>연구와 탐사를 수행할 때</mark>도 중요한 역할을 할 수 있어.

지금도 우주, 화산, 심해 등 인간이 직접 가기 어려운 환경에

로봇을 투입해 탐사 활동을 하고 있어.

이때 로봇은 연구자가 조종간으로 조종하거나
인공지능으로 제어를 하지.
그런데 이런 로봇이 연구자의 뇌와 연결되어 있다면
위험에 대한 대응이 훨씬 빨라지는 것은 물론
연구 효과까지 높일 수 있을 거야.

[Check it up 3] 윤리

뇌과학의 발전, 문제는 없을까?

우리 뇌와 컴퓨터를 연결하는 기술을 선도하는 기업은 역시 일론 머스크가 세운 뉴럴링크라고 할 수 있어.

2016년, 일론 머스크와 몇몇 뇌 과학자들이 함께 세운 뉴럴링크는 아래와 같은 지향과 비전을 갖고 있다고 해.

신경 질환 치료	인간 능력 확장	인공지능과 공생
알츠하이머병, 파킨슨병 등 인간을 괴롭히는 뇌 질환 치료	인간의 학습, 기억, 정보 처리 능력을 획기적으로 확장	인공지능에 뒤지지 않도록 인간의 능력 보완
뇌 신호를 직접 조작하거나 강화	뇌와 컴퓨터를 직접적으로 연결	

와! 인공지능이 인간을 뛰어넘어 인간을 지배할까 봐 걱정하는 사람이 많은데 BCI 기술이 발달하면 그런 걱정은 없겠다!

인공지능이 무섭게 발달하면서

이 세상에 살았던, 그리고 살고 있는 모든 인류의 지능을 넘어서는

초지능 인공지능 등장에 대해 걱정하는 사람이 많아.

인간보다 뛰어난 인공지능이 과연 인간의 명령을 들을 것인가?

인간의 명령을 듣지 않는 인공지능이

과연 인간을 가만히 둘 것인가 하는 걱정이지.

SF영화를 보면 정말 섬뜩할 정도야.

만약 뇌과학으로 인간의 능력을 확장해서

인간이 인공지능만큼 똑똑해진다면 그런 걱정은 할 필요가

없을지 몰라.

하지만 새로운 문제가 생길 수 있어.

뇌과학을 통해 기억과 학습 기능 등
능력을 향상하려는 사람, 혹은 향상시킬 수 있는 사람은
'돈'이 있는 사람일 수밖에 없어.
치료를 위해 뇌과학을 활용할 때도 큰 돈이 들어서
신경 손상으로 사지 마비 등의 장애를 가진 환자들 가운데
뇌와 연결된 컴퓨터나 웨어러블 로봇을 사용할 수 있는 사람은
아직 소수에 불과해.
물론 기술이 발달하면 치료 비용은 점점 줄어들겠지.
하지만 능력 향상을 위해 기술과 기기를 사용할 때는 얘기가 달라져.
더 나은 신기술은 계속 등장할 거고 그럴 때마다
우리 뇌와 신체의 능력을 향상시키기 위해 필요한 금액은
그대로이거나 더 비싸질 테니까.
뇌과학 기술을 이용해 능력을 향상시킬 수 있는 사람은 돈을 가진
부류일 수밖에 없는 거야. 돈을 가진 사람의 뇌 기능이
더욱 향상된다면 그만큼 돈을 벌 수 있는 능력도 향상될 거야.

> 뇌과학이 사회적 불평등을
> 더욱 가중시킬 수 있는 거야.

뇌와 컴퓨터를 연결시키는 건 컴퓨터와 컴퓨터를 연결시키는
통신 시스템과 비슷해. 따라서 해킹과 같은 문제가 생길 수도 있지.
누군가 나의 개인정보를 마음대로 빼내고 이용할 수도 있는 거야.
심지어 나의 뇌를 조작하려고 할 수도 있어.
나와 연결된 컴퓨터를 해킹해서 그 컴퓨터로 나의 뇌파와 뇌의
활동을 조절하면 되니까. 이런 조작이 일어나면
나는 내 의지와 상관없이 범죄를 저지를 수도 있어.

정상적인 학교 교육을 받을 수 있도록 지적 장애인의 학습 능력을
향상시키는 것에 대해 반대하는 사람은 거의 없을 거야.
하지만 병사의 능력을 강화시키는 일에는 찬반양론이 있을 수 있어.
그건 인간을 무기화하는 일이니까.
인간을 무기화하는 것만큼 비인간적인 일이 또 있을까?

> 그래서 뇌과학을 통해
> 인간 능력을 확장하려는 시도는
> 사회적 논의와 합의가 필요해!

뇌과학과 관련된 문제들에 대해

철저한 윤리적 고민이 필요한 거야.

그래서 신경 윤리 Neuroethics라는 새로운 학문이 태동됐지.

신경 윤리는 뇌과학 및 그 관련 기술의 발전이 가져오는

윤리적, 사회적, 법적 문제를 다루는 학문이야.

과학, 철학, 법학, 의학 등이 융합된 다학제적 분야지.

인공지능, 로봇 기술, 생명공학, 뇌과학 등 과학 기술의 발달은

이전에는 전혀 생각지 못한 문제를 낳았어.

이럴 때일수록 필요한 건 뭘까?

아주 근본적인 질문에 대한 대답부터 찾는 게 아닐까 싶어.

우리가 과학과 기술을 발달시키는 목적이 무엇인지,

인간이 지켜야 할 보편적인 규범은 무엇인지,

더 나아가 인간이란 어떤 존재인지,

이러한 질문에 대한 대답을 찾아 나가다 보면

인간 능력 확장을 위해 뇌과학을 사용할 수 있는 범위도

찾을 수 있지 않을까?

Another Round

우리는 Next Level!

이 책을 보고 뇌과학에 대해 어떤 시각을 갖게 됐는지
그래픽 오거나이저 Graphic Organizer 로 표현해 보자!

뇌과학에 대한 내 시각은?

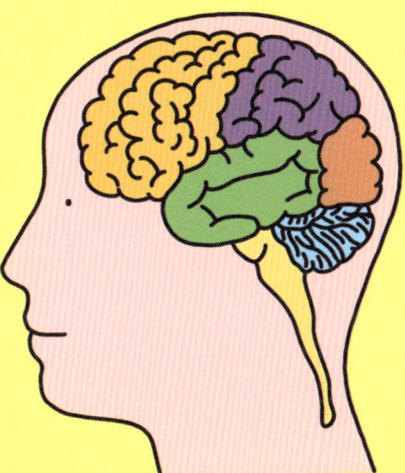

뇌과학은 다른 여러 과학·기술 분야와 영향을 주고받고 있어.
어떤 분야가 있는지 찾아서 적어 볼까?

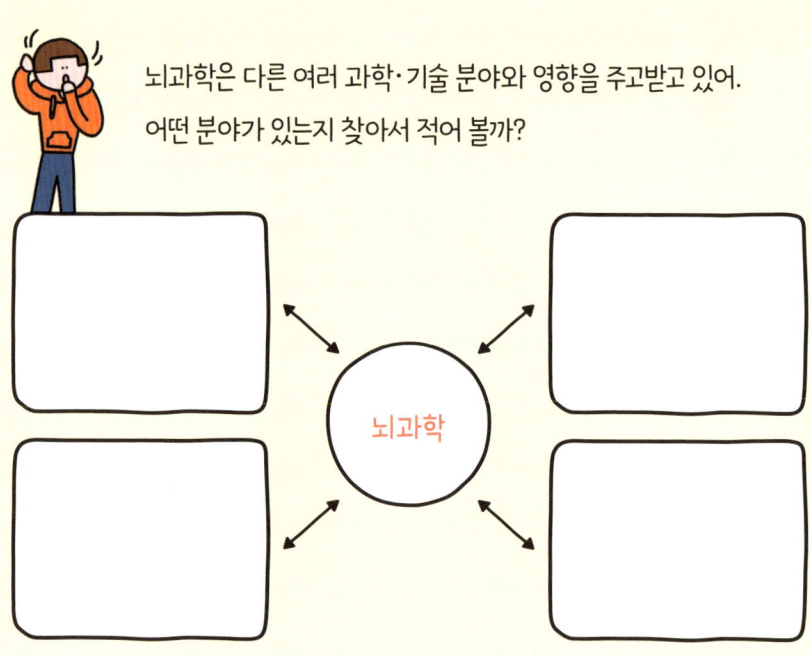

뇌는 여러 가지 일을 해.
뇌가 하는 일 가운데 중요하다고 생각하는 대로 순위를 매겨 봐.

나는 지금 어떤 생각을 하고 있는지, 나의 뇌 지도를 그려 볼까?
가장 많이 하는 생각을 가장 넓은 부분에 써 넣으면 돼.

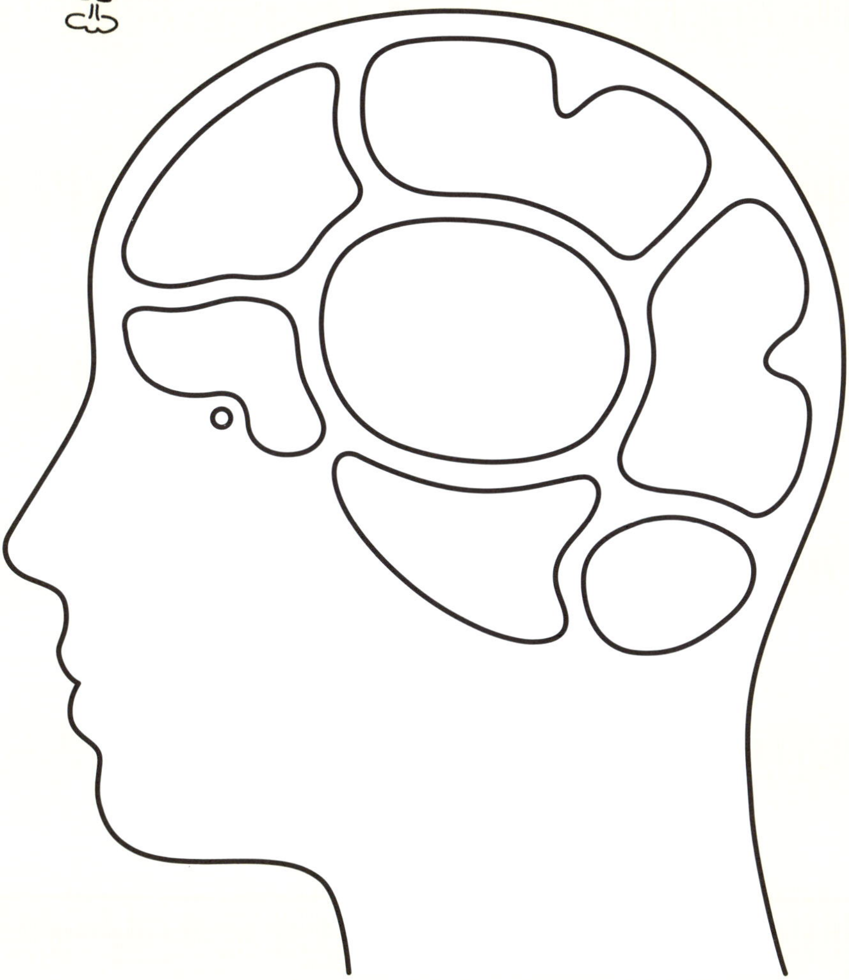

글 홍석준·최향숙 그림 젠틀멜로우

초판 1쇄 펴낸 날 2025년 5월 9일 **초판 2쇄 펴낸 날** 2025년 6월 10일
기획 CASA LIBRO **편집장** 한해숙 **편집** 신경아 **디자인 포맷** 최성수, 이이환 **디자인** 퍼플페이퍼
마케팅 박영준 **홍보** 정보영 **경영지원** 김효순
펴낸이 조은희 **펴낸곳** ㈜한솔수북 **출판등록** 제2013-000276호
주소 03996 서울시 마포구 월드컵로 96 영훈빌딩 5층
전화 02-2001-5822(편집), 02-2001-5828(영업) **전송** 02-2060-0108
전자우편 isoobook@eduhansol.co.kr **블로그** blog.naver.com/hsoobook
인스타그램 soobook2 **페이스북** soobook2
ISBN 979-11-94439-17-2, 979-11-93494-29-5(세트)

어린이제품안전특별법에 의한 제품 표시
품명 도서 | 사용연령 만 7세 이상 | 제조국 대한민국 | 제조사명 ㈜한솔수북 | 제조년월 2025년 6월

ⓒ 2025 홍석준·최향숙·젠틀멜로우·CASA LIBRO

※ 저작권법으로 보호받는 저작물이므로 저작권자의 서면 동의 없이
  다른 곳에 옮겨 싣거나 베껴 쓸 수 없으며 전산장치에 저장할 수 없습니다.
※ 값은 뒤표지에 있습니다.

큐알 코드를 찍어서
독자 참여 신청을 하시면
선물을 보내 드립니다.

한솔수북의 모든 책은
아이의 눈, 엄마의 마음으로 만듭니다.

야무진 10대를 위한 미래 가이드
넥스트 레벨은 계속됩니다.

❶ 인공지능
조성배·최향숙 지음

❷ 메타버스
원종우·최향숙 지음

❸ 우주 탐사
이정모·최향숙 지음

❹ 자율 주행
서승우·최향숙 지음

❺ 로봇
한재권·최향숙 지음

❻ 기후위기와 에너지
곽지혜·최향숙 지음

❼ 팬데믹과 백신 전쟁
김응빈·최향숙 지음

❽ 생명공학
김무웅·최향숙 지음

❾ 뇌과학
홍석준·최향숙 지음

❿ 과학혁명과 현대과학
남영·최향숙 지음